Convite ao Sucesso

UMA ALEGORIA SOBRE A CRIATIVIDADE

Hal Zina Bennett

Convite ao Sucesso

UMA ALEGORIA SOBRE A CRIATIVIDADE

Tradução
CECÍLIA CASAS

EDITORA CULTRIX
São Paulo

Título do original:
Invitation to Success

Copyright © 1997 Hal Zina Bennett.

Todos os direitos reservados. Nenhuma parte deste livro pode ser reproduzida ou usada de qualquer forma ou por qualquer meio, eletrônico ou mecânico, inclusive fotocópias, gravações ou sistema de armazenamento em banco de dados, sem permissão por escrito, exceto nos casos de trechos curtos citados em resenhas críticas ou artigos de revistas.

O primeiro número à esquerda indica a edição, ou reedição, desta obra. A primeira dezena à direita indica o ano em que esta edição, ou reedição, foi publicada.

Edição	Ano
1-2-3-4-5-6-7-8-9-10	00-01-02-03-04-05

Direitos de tradução para o Brasil
adquiridos com exclusividade pela
EDITORA CULTRIX LTDA.
Rua Dr. Mário Vicente, 374 — 04270-000 — São Paulo, SP
Fone: 272-1399 — Fax: 272-4770
E-mail: pensamento@cultrix.com.br
http://www.pensamento-cultrix.com.br
que se reserva a propriedade literária desta tradução.

Impresso em nossas oficinas gráficas.

*Dedicado ao
número crescente de
Noble Actons, que estão nos conduzindo
a um futuro em que o
espírito humano se alia à tecnologia
para um mundo melhor.*

Ao Leitor

Muito embora os acontecimentos descritos neste livro estejam baseados em pessoas e situações reais, os verdadeiros nomes, datas e lugares não foram revelados.

Certos leitores perceberão a verdadeira identidade de Acton. Quero assegurar-lhes de que envidamos todos os nossos esforços para atender plenamente ao desejo, expresso pelo meu interlocutor, de manter um anonimato absoluto, não obstante o fato de ser impossível fazê-lo, com perfeição, sem comprometer os conceitos que ele deseja nos transmitir.

Em coerência com todo o esforço que despendemos para captar a verdadeira intenção e o espírito de Noble Acton, as circunstâncias e os caracteres expressos neste livro são puramente fictícios, não devendo ser confundidos com pessoas, lugares ou situações reais.

Sumário

Agradecimentos 9

O Convite 11

O Primeiro Encontro 13

O Segundo Encontro 35

O Terceiro Encontro 59

O Quarto Encontro 81

O Quinto Encontro 97

Os Onze Hábitos de Criatividade
e Inovação Propostos por Noble Acton 113

Agradecimentos
A Nossos Patronos Especiais

Desejamos agradecer aos nossos patronos especiais, os quais contribuíram para tornar possível a primeira edição deste livro. Sua participação não só encoraja nossos esforços como autores-editores independentes, como honra uma antiga, importante e conceituada tradição no campo editorial.

Ed Adams, Ph.D. — Sra. Anon Kallabash — Harvey Austin, Médico — Philip Kavanaugh, Médico — Janel Beeman — Nancy Kavanaugh — Betsy Brill — Joyce Kennedy — Angela Buenning — Frank Lloyd Kramer — Dawn Callan — Michael Larsen — Dea Michaela Cioflica — Chuck Laurenson — Becky Coleman — Dr. Dorothy May — Karen Daniels — Karen McGinnis — Raymond Davi — Marilyn J. Norling — Bob Fellows — Lora O'Connor — Joe Felser — Diane Raflo-Andrews — Twyla Fisher — Linda Salazar — Shakti Gawain — Marvin & Helen S. Sherman — Ric Giardina — Sid & Naomi Simon — Michael & Patty Gold — Paul Sibcy — Marilee Goldberg, Ph.D. — Dra. Linda Spencer — Trudy Green, Ph.D., M.F.C. — Ellen Ruth Stone-Belic — Roy R. Hall, Médico — Pamela Sullivan — Samantha Mariah Hall — Ed Swartz — Richard Hansen — Robert Talbot — Helen Hazlett — Gary Wiss — Jane Hogan — Randy Wolferding — Cindy Jarrett — Alex Wiss-Wolferding.

Nenhum livro é factível sem a ajuda de muitos heróis e heroínas anônimos. Meus agradecimentos a Susan J. Sparrow, minha querida sócia e alma gêmea, cuja serenidade intelectual deu origem à Tenacity Press e à idéia de patrocínio para sustentar nosso esforço criativo. Muito obrigado ao pessoal da Morris Publishing, em particular a Kirsten, Renee, Gerald e Becky, que tornaram tudo tão simples e prazeroso.

O Convite

O convite chegou numa segunda-feira, pelo correio da manhã. Veio num envelope branco, quadrado, do tipo que costuma ser usado para cartões de felicitações, no meio de mais ou menos meia dúzia de cartas que chegaram nessa mesma ocasião. Não constava endereço para devolução, mas, no verso, um lacre em cera verde-escura continha duas iniciais: **N.A.** Curioso, abri o envelope e dentro encontrei um cartão de aspecto formal que, num primeiro momento, tomei por uma participação de casamento. Caracteres vigorosos, em relevo dourado, me informaram de que Noble Acton havia programado um encontro particular comigo.

Esse nome me era familiar, porém eu nunca encontrara Acton pessoalmente. Ele era uma pessoa de destaque no mundo dos negócios, um homem cuja reputação era tão admirada quanto temida. Uma ou duas vezes por ano, uma curta entrevista, acompanhada de uma foto dele rindo abertamente e com bastos cabelos brancos emoldurando um rosto cômico, travesso, apareceria em revistas como a *Forbes*, *Fortune* ou no *The Wall Street Journal*. Essas fotos sempre me fizeram pensar em Einstein — exceto que Acton tinha mais cabelo, um brilho ligeiramente maroto nos olhos e um brilho de encantamento no rosto.

Li uma vez mais o convite de Acton, olhando bem o envelope, para certificar-me de que não ocorrera nenhum engano. O envelope estava, claramente, endereçado a mim. Tudo parecia perfeitamente em ordem, isto é, parecia que esse homem, que eu nunca conhecera, pretendia que eu tivesse um encontro com ele. O que isso poderia significar? Pelo fato de eu ser escritor, pensei que ele pudesse estar pensando em mim para redigir alguma coisa para uma de suas empresas. Porém, se esse fosse o caso, sem dúvida era uma maneira estranha de me convocar.

Verifiquei a data na minha agenda, constatei que o dia estava livre e tomei a decisão de comparecer ao encontro com Noble Acton.

O Primeiro Encontro

Na Ontald Technologies, parei num guichê de informações, situado dentro do portão principal e fui encaminhado para um edifício de sete andares que, do exterior, parecia construído com grandes chapas de vidro fumê. Ao entrar, dei com um grande saguão repleto de plantas tropicais vistosas e saudáveis.

Na parede do saguão, bem defronte às portas de entrada, havia um imenso mural, pintado de verdes, amarelos, vermelhos e azuis brilhantes — e as mais ricas tonalidades terra. Ele retratava homens e mulheres trabalhando, alguns envolvidos numa conversa animadíssima, outros diante de computadores, e ainda outros lidando com máquinas. Apesar da fixação no trabalho, havia nele um clima, ao mesmo tempo, forte e jovial, sereno, embora voltado à produtividade. Era uma pintura intrigante e, por um momento, enquanto eu esperava o elevador, olhei bem para ela. Na base do mural, notei uma inscrição, gravada numa placa brilhante de bronze:

"A DÍVIDA QUE TEMOS PARA COM O PAPEL EXERCIDO PELA IMAGINAÇÃO É INCALCULÁVEL."

Abaixo da citação figurava o nome de seu autor: C.G. Jung.

Ao entrar no elevador, fui rodeado por pessoas, umas com valises, algumas sobraçando envelopes e outras carregando pequenos maços de papel. A maioria parecia extraordinariamente alegre, entabulando facilmente uma conversa animada entre si.

No momento em que cheguei à cobertura, o elevador estava vazio. Quando a porta se abriu, saí sozinho. Para minha grande surpresa, fui parar dentro de um enorme jardim de inverno. Por instantes, pensei que havia descido no andar errado. Construído sob a forma de uma enorme cúpula de vidro, o jardim de inverno tinha a altura de dois andares, erguendo-se na direção do céu. Assim como no saguão da entrada, havia árvores de folhas largas, como eu nunca vira igual.

O PRIMEIRO ENCONTRO

"Alô", disse uma voz alegre, atrás de mim. Voltei-me e deparei com uma moça de uniforme cinza feito sob medida que vinha ao meu encontro.

A jovem pegou minha mão, apertou-a com firmeza, depois levou-me através de um longo corredor que começou a parecer mais com escritórios comuns, embora, sem dúvida, muito luxuosos. Chegamos a um par de portas revestidas de carvalho. A essa altura, paramos brevemente; minha cicerone bateu duas vezes, girou as portas para que se abrissem e convidou-me a segui-la.

Ao entrar no escritório, fui imediatamente atraído por uma obra de arte incomum, que estava bem perto da porta. O aspecto extravagante daquela escultura era algo completamente inesperado num lugar de trabalho. Ou, pelo menos, assim pensei na ocasião. Tratava-se da representação em tamanho natural, em cerâmica brilhantemente colorida, de um homem rechonchudo, que usava uma roupa de duplo peitilho sem botões, montando o mais esquisito monociclo que eu já vira. Olhando mais de perto, notei que o pneu do monociclo não era, em absoluto, um pneu. Era uma cobra verde e brilhante com a ponta da cauda na boca, cuja cara — ou melhor, caricatura — exibia uma expressão de desdém e de longo sofrimento. Os raios dessa roda peculiar eram constituídos de galhinhos que pareciam estar rebentando em minúsculas flores de todas as cores do arco-íris.

CONVITE AO SUCESSO

Fiquei por um momento analisando aquela escultura, observando como eram reais as expressões estampadas, tanto no rosto do homem como na cara do réptil. E maravilhei-me diante da mente que teria concebido essa imagem. Imediatamente depois desse pensamento, ocorreu-me que o homem que a havia escolhido para o seu escritório deveria ser igualmente singular. Olhei para o rosto da mulher que me acompanhava. Ela estava sorrindo, aparentemente achando graça da minha perplexidade. Voltou-se, no entanto, mostrando que devíamos seguir.

Quase no meio da sala, avistei dois largos sofás de couro, muito convidativos, colocados um diante do outro, tendo entre si uma comprida mesa para servir café, de madeira polida e rara. Além deles, divisei uma imensa janela de vidro espelhado, orientada para oeste, estendendo-se do chão até o teto. Através da janela descortinava-se, a distância, uma vista panorâmica das colinas ondulantes.

Noble Acton achava-se à esquerda da janela. Era um homem esbelto, com não mais de um metro e sessenta de altura. Fiel às fotografias que eu vira, ele tinha, se isso fosse possível, a aparência de um perfeito bobo da corte. Voltou-se para nós e, ao fazê-lo, seu sorriso iluminou o salão.

"Bem-vindo", disse, "eu o estava esperando."

O PRIMEIRO ENCONTRO

Caminhou pressuroso em minha direção, estendendo a mão. Quando apertou a minha, o fez com firmeza e autêntico entusiasmo. Seu rosto expressivo era bronzeado, tinha menos rugas do que eu, embora artigos que eu lera a seu respeito dissessem que ele tinha 73 anos. Se eu não soubesse, acharia que sua idade não ultrapassaria os 50 anos, e 50 anos bem conservados.

Ouvi a maçaneta da porta girar atrás de nós, quando a assistente saiu, silenciosamente, deixando Acton e eu sozinhos. Meu anfitrião fez um gesto convidando-me a sentar num dos sofás. Sentou-se diante de mim.

Começou sua história sem outros comentários: "Há cerca de cinqüenta anos, um grande homem chamou-me para junto dele, exatamente como fiz com você hoje. Ele me deu um presente mais valioso que a riqueza material. Foi a partir desse presente que construí tudo o que hoje você vê. Antes de nos separar naquele dia, há muitos, muitos anos, prometi que, se suas lições dessem certo comigo, um dia eu as transmitiria a outras pessoas que, na minha opinião, merecessem o que ele chamava de *poder do espírito criativo.*"

Ouvi intrigado, porém cético. Partindo do princípio de que fosse verdade que eu estava merecendo, como ele poderia saber? Baseado em que critério ele ter-me-ia julgado merecedor? Nunca havíamos nos encontrado antes. Acaso ele lera alguns de meus livros ou artigos? Isso parecia improvável. Resolvi, no entanto, ficar de bico calado e descobrir o que ele tinha a oferecer. Ele gozava a reputação de ter uma opinião pouco favorável da mídia, e desconhecendo, exatamente, o que ele sabia sobre mim, hesitei em dizer-lhe que eu era um escritor, por medo de que ele pudesse tomar-me por um jornalista e me expulsar.

"Vivi uma vida plena e bem-sucedida", Acton continuou. "Tudo isso tornou-se possível não devido ao dinheiro, mas devido ao que o meu conselheiro chamava de *Hábitos de Criatividade e Inovação*. Meu benfeitor me disse que, para despertar o espírito criativo em cada um de nós e ter acesso aos vastos recursos ocultos em nossa mente, precisamos desenvolver certos hábitos a fim de conhecer a nós mesmos e o mundo que nos cerca. A criatividade, ele me ensinou, tem início não como um dom raro, inato, mas como uma forma particular de perceber o mundo.

"Algumas pessoas parecem nascer com esse tipo de percepção. Outras tropeçam nele. E ainda outras, como eu mesmo, só o desenvolveram por terem seguido uma prescrição, um plano. Mas, eu lhe asseguro, é algo que todos nós podemos aprender. Depois de termos adquirido esse hábito de percepção e de termos ficado à vontade com ele, nossos talentos criativos emergem, dando um sentido à nossa vida e nos provendo de um grande poder para realizar de fato nossos sonhos mais ousados."

O PRIMEIRO ENCONTRO

Eu ouvia atento, inclinando a cabeça afirmativamente, não porque entendesse nem concordasse com o que ele estava dizendo, mas porque eu estava começando a gostar de sua companhia e queria que ele continuasse. Além do mais, eu ainda não sabia por que ele me havia convidado para ir ao seu escritório aquele dia. O que sabia ele a meu respeito? Mais especificamente, *como* soube de mim? Resolvi que, se eu me sentasse e ouvisse durante um tempo suficiente, obteria as respostas a essas perguntas e a algumas que eu ainda nem pensara em fazer.

"O primeiro segredo", Acton continuou, "está em entender o poder do hábito em si, como ele funciona na nossa vida. Para a maioria, os hábitos têm conotações negativas. Pensamos em hábitos como fumar, beber, freqüentar prostíbulos, trabalhar em excesso... e outros vícios. E, no entanto, toda a história humana nos ensina que somos criaturas de hábitos. Nossas forças, não apenas nossas fraquezas, residem em nossos hábitos. Por que ouvimos tanto falar em superar nossos hábitos, como se o hábito, em si, fosse um vilão? Somos bombardeados com literatura para vencer nossos maus hábitos. Mas quem fala em fomentar bons hábitos, como otimismo, em contar com as forças do outro, em superar nossos ressentimentos para com terceiros, e em assistir ao milagre da capacidade humana de sonhar? Meu conselheiro, nesses longos anos que passaram, abriu-me os olhos para o fato de que a mente inovadora — onde encontramos o dom da criatividade e a capacidade inestimável de nos adaptar rapidamente para mudar — é em grande parte adquirida pelo desenvolvimento de certos hábitos.

"Até meu conselheiro abrir-me os olhos, eu considerava a criatividade e a inovação como direitos de nascença, dos quais só algumas poucas pessoas especiais seriam dotadas. Se você não fosse bastante afortunado, a ponto de receber esses tesouros, teria pouca chance de chegar a construir uma vida além da que lhe fora simplesmente imposta. Como eu estava cego em relação aos poderes do hábito, embora as provas da sabedoria do meu conselheiro estivessem sempre presentes, olhando-me fixamente no rosto. Como, certa vez, disse John Dryden: 'Em primeiro lugar, construímos nossos hábitos e depois os hábitos nos constroem.'"

À medida que eu ouvia, cada vez mais absorto em sua mensagem, uma miríade de perguntas acorreu à minha mente. De todos os boatos que eu ouvira a respeito de Acton, achei que o único que merecia credibilidade era o referente à sua ascensão dos farrapos à opulência, partindo de gerente de escritório de uma pequena firma de contabilidade, quando estava ainda com seus 20 anos, para fundador e presidente de uma grande corporação. Essa história constituía uma legenda no mundo dos negócios, uma história de inspiração que encorajava todos que a conheciam ou que acreditavam fosse verdadeira. Se Acton estava prestes a me trans-

O PRIMEIRO ENCONTRO

mitir os segredos de seu sucesso, pairavam, apesar de tudo o que eu ouvira, reais dúvidas em minha mente. Os tempos haviam mudado. A ascensão de Acton ao poder ocorrera no início do século XX. Ficava-se conjecturando se a fase do *self-made man* não era coisa do passado. Essas coisas seriam ainda possíveis num mundo dominado por organizações multinacionais mais poderosas que muitos governos?

Tornei-me consciente do fato de que eu estivera olhando calado e cismarento para minhas mãos, mal ouvindo o que Acton dizia. Subitamente ergui os olhos, diante da surpreendente constatação de que meu anfitrião se calara. Quando nossos olhos se encontraram, ele sorriu.

"Você estava perdido em pensamentos", ele disse, interpretando precisamente o meu silêncio dos últimos momentos. "Eu porém tenho uma idéia do que estava passando pela sua cabeça. Você não acredita, acertei? Você sabe que pode dizer o que pensa a respeito. Seu rosto é muito fácil de ler e eu gostaria que sua mente ficasse livre de todas as dúvidas antes de prosseguirmos."

"O senhor está certo", eu disse. "Não posso deixar de pensar se esses hábitos de criatividade, que o senhor descreve, são ainda válidos no mundo de hoje. Com todo o respeito, Sr. Acton, o senhor realmente parece produto de uma época muito diferente."

Os lábios de meu anfitrião se abriram num largo sorriso; depois, ele inclinou a cabeça para trás e deu uma bela gargalhada, agora, mais do que nunca, lembrando-me um bobo da corte.

"Desculpe-me", ele disse, finalmente sério. "Você, obviamente, está certo. Eu pertenço a uma época diferente. Mas os *Hábitos de Criatividade e Inovação*, não. Eles são tão poderosos hoje como no princípio dos tempos. E, acredite-me, eu os pus à prova muitas e muitas vezes.

"O verdadeiro teste da mente criativa não está em como administramos o sucesso, mas em como administramos aquilo que pessoas menos criativas consideram fracasso. No decurso dos anos, ganhei e perdi muitas batalhas. Portanto, permita-me ser o primeiro a admitir que a experiência do fracasso, da derrota, não me é estranha. Uma das maiores lições da minha vida está em que conhecer o verdadeiro significado da derrota é absolutamente necessário ao sucesso. Muitas das histórias mundiais dos mais extraordinários sucessos surgiram, na verdade, das cinzas da derrota. Sempre que penso em vitória e derrota, lembro-me do que Teddy Roosevelt disse a respeito — que 'é bem melhor ousar coisas grandiosas, obter gloriosos triunfos, mesmo intercalados de insucessos, que cerrar fileiras com os pobres de espírito, que nem vibram muito, nem sofrem muito porque vivem numa cinzenta meia-luz, que não conhece vitória ou derrota'. Não podemos ser verdadeiramente bem-sucedidos enquanto não aprendermos essa lição. E os *Hábitos de Criatividade e Inovação* são o melhor guia que eu posso lhe oferecer para isso.

"Houve momentos, ao longo do caminho, em que perdi o que havia dedicado anos preciosos de minha vida para construir, momentos em que acreditei, realmente, que estava vencido; no meu coração predominavam a tristeza e a dor. Nessas ocasiões, eu acreditava que toda a boa sorte, que eu até então gozara, havia resultado de puro acaso e não do produto de meu próprio esforço. Acreditei momentaneamente que, tendo perdido o que antes possuíra, a sorte nunca voltaria a estar novamente do meu lado. Eu, porém, estava equivocado em dois pontos: primeiro, estava errado ao pensar que minha fortuna fora construída sobre os instáveis alicerces da sorte. Segundo, estava errado ao pensar que não poderia readquirir o que perdera. Em suma, foi minha capacidade de exercer o meu espírito de inovação e de estimulá-lo em outros, que se transformou em minha maior aliada.

"Uma das características principais que distinguem uma pessoa muitíssimo bem-sucedida das que não são é que a pessoa bem-sucedida acredita que seus fracassos lhe dão forças para prosseguir. A mulher ou o homem que não consegue realizar seus sonhos é aquele que encara o fracasso ou uma derrota momentânea como um repúdio pessoal, uma

CONVITE AO SUCESSO

forte evidência de que ele nunca fará progressos porque o mundo não o permitirá.

"O fracasso está repleto de lições que, se você tiver a coragem de analisar cuidadosamente, apontam seu caminho para o sucesso. Os *Hábitos de Criatividade e Inovação* podem lhe incutir essa coragem, e ajudá-lo a erigir uma base que não poderá jamais se abalar. Henry J. Kaiser gostava sempre de dizer: 'Dificuldades são oportunidades em roupa de trabalho.'"

"Mas o senhor ainda não respondeu, exatamente, à minha pergunta", insisti. "O senhor tem de admitir que o mundo de hoje é diferente daquele em que o senhor vinha surgindo. Reconstruir naquela época era diferente de reconstruir agora, assim como começar é diferente."

Ergui os olhos, novamente com a incômoda sensação de que seu silêncio guardava um significado que eu não antecipara. De fato, quando nossos olhos se encontraram, espantei-me diante do que vi. Ele me fitou, não tanto com ar de zanga, como de teimosia e de premência. A expressão do seu rosto forçou-me, naquele momento, a deixar de lado a minha resistência e ceticismo e a me abrir completamente às suas palavras.

"Eu ainda não estou morto, você deve ter notado", ele disse, com aquele brilho maroto no olhar. "Ainda luto con-

O PRIMEIRO ENCONTRO

tra fracassos e deleito-me com sucessos, todos os dias. Há apenas quatro meses, tive de admitir minha derrota num projeto que eu tinha certeza de que teria sucesso. Tive de 'engolir' o orgulho e reconhecer que a minha opinião estava errada. Perdemos milhões, milhões! Tive de fechar uma fábrica e despedir mais de trezentas pessoas. No entanto, na semana passada, tornei a abrir a mesma fábrica, depois de descobrir um modo de usá-la para expandir, no mercado interno, um item que estávamos fabricando especialmente para exportação. Sem os recursos da criatividade e da inovação, não teríamos, possivelmente, divisado essa nova possibilidade. Talvez não tivéssemos estado aptos a nos adaptar a um mercado em transformação."

Acton fez uma pausa, esperando a minha resposta. "O senhor pode superar os fracassos e ir em frente, porque tem base financeira para isso", argumentei. "Pelo que ouvi, o senhor vale centenas de milhões. É essa, também, uma das regras da criatividade e da inovação?"

"Não. As regras da criatividade nada têm que ver com dinheiro. Receio que você seja uma dessas pessoas que usam o dinheiro — ou a sua própria falta de dinheiro — como uma desculpa para persistir no fracasso, ou pelo menos em suas atuais limitações. Na verdade, o poder verdadeiro não está no dinheiro, mas em seu próprio poder pessoal, no que está dentro de você."

CONVITE AO SUCESSO

Fiquei profundamente ofendido diante da insinuação de Acton de que eu usava minha falta de dinheiro como desculpa para persistir no fracasso. Como escritor, eu me considerava, pelo menos, moderadamente bem-sucedido, se não mais bem-sucedido que a maioria dos meus colegas de profissão. Eu tinha, indubitavelmente, o direito de reivindicar que a criatividade, mais do que o dinheiro, me havia guiado! Mas, uma vez mais, não me defendi, por temer que Acton pusesse um ponto final em nossa entrevista, se suspeitasse que eu era um escritor que poderia escrever um artigo sobre esse encontro.

"Se você não estivesse agarrado ao mito do dinheiro, teria condições de me ouvir muito mais", Acton disse. "Sendo assim, você está procurando toda desculpa possível para não levar em conta o que estou dizendo. Contenha sua descrença, se é que você pode se dar a esse luxo e, então, quando os dons da criatividade tiverem trazido mais sucesso a sua vida, e você tiver começado a gozar dos frutos do seu labor criativo, emita o seu juízo a meu respeito."

"Muito justo", eu disse. "Tudo farei para manter a mente aberta."

Ele me conduziu até a janela. O dia estava claro e a vista era aprazível, com as colinas arredondadas a distância apenas começando a vestir-se de verde com as primeiras chuvas da primavera. Eu também estendi o olhar por acres e acres de fábricas e armazéns e áreas de estacionamento. Na extremidade do complexo fabril havia um trem puxando uma série de seis vagões ao longo de um trilho, que acompanhava o contraforte da montanha e seguia rumo a uma edificação de telhado de folha de flandres que tomei por um armazém.

"Observe a vista por um instante e diga-me o que vê", disse Acton.

"Eu vejo colinas e bosques", respondi. "Não é o que eu teria esperado ver daqui."

"Bonito, não? Quando comprei o terreno para a fábrica, comprei, também, além dele, 10 mil acres e transformei-os numa reserva natural que nunca será tocada. É para lembrar-me de que, muito depois de termos dado adeus a nossa luta terrena, ainda existirá a natureza. Não podemos, jamais, esperar competir com tudo isso. É o que me mantém humilde e honesto comigo mesmo."

Quando ele se referiu ao fato de não competir com a natureza, lembrei-me do jardim de inverno espetacular fora de seu escritório. Se ele não considerava isso competir com a natureza, fiquei imaginando qual poderia ser o seu conceito de competição.

"Abstraindo a paisagem natural", ele disse, "que mais chama a sua atenção lá fora?"

"As edificações, claro. Fábricas, armazéns, máquinas, a grande quantidade de carros na área de estacionamento, a estrada de ferro cruzando, lá adiante, os limites da propriedade, a estrada de rodagem além."

Um avião passou por cima de nossa cabeça, em sua rota de aterrissagem rumo ao aeroporto, situado a uma distância de cinco ou seis milhas. Ele deslizou silenciosamente através das nuvens, lembrando-me o quanto o escritório de Acton era bem protegido contra a poluição sonora. Não se ouvia nem mesmo um leve ruído vindo dos poderosos motores do jato.

Acton fez um sinal afirmativo com a cabeça, em apoio à minha resposta. Porém, em seguida, franziu as sobrancelhas e entrecerrou os olhos. "Eu não o trouxe aqui para ver o óbvio", ele disse. "Existe algo além disso que tenho vontade de que você veja nitidamente."

Examinei-lhe o rosto, nervosamente. Ele retribuiu meu olhar, sem piscar, com os olhos de um azul-metálico, firmes, serenos, aguardando a minha resposta. Olhei além dele, para fora da janela, incapaz de precisar o que ele estaria me forçando a ver. Depois de uns instantes, desisti. "Não entendo o que o senhor está querendo de mim."

"Quero que você veja além dos objetos. Quero que olhe para as edificações, para os carros, para a estrada de ferro, até para o avião no céu, e que veja que todos eles são milagres de autodeterminação." Ele fez uma pausa, observando atentamente meu rosto, como para se certificar de que suas palavras estavam me causando efeito. "Alguns chamam a isso *volição*", ele disse. "Outros chamam de *vontade*. As palavras não importam. Trata-se, em ambos os casos, de um conceito ilusório, vago e etéreo, em vez de plenamente apreendido, concreto, palpável, de vez que se converteu numa parte do seu modo de pensar. É algo que precisamos nos habituar a ver em tudo o que nos rodeia, mesmo na Natureza, se queremos realmente dominar os poderes criativos que temos dentro de nós. Aprender a reconhecer isso constitui o primeiro princípio dos *Hábitos de Criatividade e Inovação*."

Ele apontou para fora da janela. "Quero que você atente para tudo o que vê lá fora e que aprecie, integralmente, o fato de que todas as coisas criadas pela energia humana são o produto final da volição ou da vontade. Observe o que vê e reconheça, plenamente, que nada do que criamos seria possível sem esse extraordinário dom humano. Tudo — carros, caminhões, prédios, estradas de rodagem —, tudo começa como matéria mental, partindo de uma vozinha que existe bem no fundo de cada ser, o qual, por sua vez, de alguma forma participa da sua criação. Dá para entender o que estou dizendo?"

Fiz um gesto afirmativo com a cabeça, mas compreendendo apenas de forma vaga que ele estava certo. E tinha de admitir que, quando pus à prova sua teoria, tentando ver as coisas daquela maneira, havia algo de muito estimulante em relação a seu conceito. Mas aonde ele pretendia chegar com tudo aquilo?

"Abstratamente, descobrimos o poder da vontade muito cedo em nossa vida", ele disse. "No entanto, só um indivíduo raro compreende que essa coisa de vontade é o fulcro da criatividade. Com ela, podemos plasmar o mundo físico, moldar realmente nossa vida e a matéria a nosso redor para adequá-las a nossos sonhos. Não sou um homem religioso, no sentido comum da palavra. Não pertenço a nenhum grupo organizado. Mas acredito realmente num Criador, numa força superior. Eu sei que, excetuando a nossa conexão com essa força, essa coisa que chamo de vontade constitui o maior de todos os dons. É a Lâmpada de Aladim deste mundo, a chave da criatividade e da realização dos sonhos e das esperanças individuais desde o início dos tempos. É, outrossim, o mais importante, o mais utilitário de todos os grandes mistérios da vida. No entanto, apesar de sua aparente simplicidade, a maioria das pessoas nunca chega a apreendê-lo. O Criador nos concedeu esse milagre, esse instrumento, mas não forneceu o seu manual de instruções." Fez uma pausa antes de prosseguir. "Só descobrimos as instruções — ou falhamos, talvez, nessa busca — se vivemos e observamos, cuidadosamente, a vida."

Subitamente, parou, como se tomando consciência da hora. "Isso é tudo o que tenho a lhe dizer hoje. Mas nós teremos outro encontro."

Ele deixou a janela, e voltamos para o centro da sala. Embora ele agora parecesse um tanto ansioso para encerrar nossa entrevista, fez um gesto para que eu me sentasse, o que fiz, pouco à vontade.

"Você deve estar pensando em por que o escolhi para que viesse aqui e ouvisse minha pequena diatribe. Mesmo correndo o risco de desapontá-lo, tenho de confessar que você não é o único. Enviei muitos convites, mas, surpreendentemente, poucos responderam. Alguns acham que não têm tempo. Outros, que existem interesses ocultos. Outros estão convencidos de que já conhecem e entendem o que eu tenho a dizer. E talvez saibam. Alguns, suponho, nem mesmo abriram os envelopes. Poucos privilegiados, levados pela curiosidade, vêm ver-me anualmente, e permanecem na minha presença, como se pudesse haver algo mágico nisso. Esses, que vêm saciar a curiosidade, voltam de mãos vazias. Eu tenho a impressão de que você veio aqui movido por um ceticismo salutar, e gosto disso em você. Sinto que você vai até o fim. Você vai ouvir. É tudo o que peço. Isso basta para mim."

"Estou curioso", admiti. "Com que critério o senhor me escolheu ou escolhe qualquer pessoa que convida para vir aqui?"

Ele encolheu os ombros. "Não há critério. Você foi escolhido completamente ao acaso. Acredito que seria mais lisonjeiro dizer-lhe que foi escolhido devido a alguma realização sua; esse, porém, não é o caso. Não vou mentir para você."

Preciso admitir que fiquei desapontado quando ouvi isso. Em primeiro lugar, até aquele momento, eu esperava que ele me dissesse que sabia que eu escrevia e que queria que trabalhasse para ele. Sem dúvida, a biografia de um homem de sua envergadura seria comercialmente um sucesso. E mais, eu gostaria de acreditar que havia feito alguma coisa para conquistar as graças de Acton.

"Mais alguma dúvida?", Acton perguntou.

Na verdade, havia uma miríade de perguntas passando pela minha cabeça, mas eu não podia me decidir por nenhuma. Meneei a cabeça negativamente.

"Então, por hoje é só", disse ele. "Eu gostaria que nos encontrássemos desta forma mais quatro vezes. Se estiver tudo bem para você, preferiria manter a mesma hora e dia nas semanas seguintes. Se você decidir interromper nossos en-

O PRIMEIRO ENCONTRO

contros, apreciaria que nos avisasse, para que possamos dar a vaga a uma outra pessoa."

Acton levantou-se e acompanhou-me até a porta. Ele sorriu de uma maneira sinceramente cordial quando apertamos as mãos na soleira da porta.

"Lembre-se, o primeiro *Hábito de Criatividade e Inovação* consiste em treinar a si mesmo para perceber o milagre da vontade e da autodeterminação em cada ato humano, independentemente de se tratar de um cumprimento casual ou da construção de um arranha-céu."

Concordei. Alegrei-me por ele não ter me perguntado naquele momento se eu ia ou não respeitar a data de nosso próximo encontro. Eu não tinha certeza se continuaria.

Eu me perguntava: Não seria Noble Acton apenas uma pessoa idosa, e sua capacidade como líder não era mais relevante para sua empresa? Ele teria sido destituído de suas responsabilidades empresariais, sendo mantido apenas como chefe nominal? Haviam-no conservado nesse ambiente luxuoso só para salvar seu orgulho ferido? Ele não tinha nada melhor para fazer do que ficar por aí, filosofando com estranhos?

Eu não podia imaginar de que outra maneira Acton poderia dar-se ao luxo de gastar o seu tempo, em cumprimento a uma promessa que fizera a seu conselheiro muitos anos

CONVITE AO SUCESSO

antes. Quanto mais pensava nisso, mais achava que estava sendo usado. Eu estava sendo usado de uma maneira que não me deixava nada satisfeito. De modo geral, gostei de Acton, mas seria esta a melhor maneira de eu empregar o meu tempo, ficando à disposição dele para que ele pudesse me doutrinar e também sentir que estava fazendo uma importante contribuição? Isso não era muito generoso de minha parte, tenho de admitir. Porém, até que ponto eu estava querendo, por compaixão, ser guiado por aquele homem que eu mal conhecia?

No entanto, quando deixei o prédio e segui para o meu carro, notei que suas lições tinham começado a ser absorvidas. Senti-me, realmente, intrigado, perturbado por aquele homem. Se ele era, de fato, o que afirmava ser, eu tinha mesmo muito por que agradecer. Foi então que comecei a ter uma vaga idéia do dom de Acton como professor. Tive a certeza de que voltaria.

O Segundo Encontro

No meu segundo encontro com Acton, sua secretária me recebeu cordialmente. Esperou-me no elevador, acompanhou-me até a porta do escritório do seu chefe, que, dessa vez, estava aberta, e falou para eu ir entrando.

"Noble o está esperando", disse, desaparecendo por trás de mim assim que cruzei a soleira da porta.

Quando entrei na grande sala, Acton estava sentado no sofá, de costas para mim, terminando uma acalorada conversa telefônica. Senti-me embaraçado, mas, considerando que me haviam dito para entrar, segui em frente, a fim de que ele soubesse, sem sombra de dúvida, que eu estava lá. Aparentemente, tendo-me percebido atrás de si, ergueu-se de súbito, voltou-se, sorriu convidativamente e com a mão livre acenou para que me aproximasse e sentasse. Ouvi-o pôr, sem a menor cerimônia, fim à conversa telefônica, informando a pessoa do outro lado da linha de que tinha uma visita e de que teria de telefonar mais tarde. Não é preciso dizer que fiquei lisonjeado por Acton ter-me dado prioridade sobre quem estava ao telefone.

Acton colocou o fone no aparelho que estava sobre a mesa de café, localizada entre os sofás, e segurou minha mão, apertando-a fortemente. Eu me sentei, mas Acton permaneceu de pé, dando início imediatamente ao seu assunto, como se não tivesse havido nenhuma pausa desde a nossa última conversa.

"Eu gostaria de prosseguir do ponto em que paramos na semana passada", ele disse. "Falávamos em desenvolver o hábito da vontade, de buscá-la em cada produto ou ação com que deparamos. Hoje falaremos de idéias como padrões para mobilizar essa vontade."

"Padrões? Acho que não estou entendendo", eu disse.

"Tenha paciência. As coisas ficarão claras num instante. Em primeiro lugar, entenda que as idéias, como os sonhos das crianças, são, na sua maioria, fugazes. Somente quando a vontade e a idéia se aliam é que se transformam em algo mais. Vamos dar um passo de cada vez. Antes de mais nada, o maior dom que possuímos não é nossa capacidade de ter idéias, mas a capacidade de transformar a idéia em ações produtivas. E é aí que a vontade humana entra. Ela direciona a

O SEGUNDO ENCONTRO

nossa energia de forma que podemos transformar materiais — idéias, ferro, plástico, elementos químicos, papéis, o que você tiver — em novas ações, novos materiais, novos produtos, novos serviços, novo conhecimento, música, arte... bem, você captou a idéia."

Acton fez uma pausa, pensou por um momento, depois acrescentou: "Foi William James, um velho herói meu, que disse que as idéias se tornam realidade devido aos fatos e às ações que ocorrem por causa delas. Porém, antes que isso aconteça, precisamos conscientizar-nos do poder que temos para usar essa capacidade de criar idéias como padrões da vontade. Só poucas pessoas estão plenamente conscientes desse poder."

"Tenho de admitir que sou uma delas", exclamei. "Por que precisamos saber tudo isso? Acaso precisamos entender a visão para ver ou o som para ouvir?"

"Precisamos, se pretendemos fazer pleno uso deles", disse Acton. "Mas, por enquanto, vamos nos deter nas idéias. A idéia que orienta a vontade é a base de toda a criatividade e inovação. Esse processo delicado precisa ser alimentado. E, para alimentá-lo adequadamente, você precisa conhecer as suas necessidades. Você precisa saber como alimentá-lo e cuidar dele. Peço desculpas por tomar emprestado as palavras de mais um filósofo, dessa vez o espanhol

Ortega Y Gasset, 'Nossa vida é, sempre e antes de tudo, a conscientização do que podemos fazer.'

"Ouvi dizer que a vontade — não alguma estranha faculdade mística — é nosso *sexto sentido*. No decurso da evolução humana, é o mais jovem de todos os *sentidos*. Em comparação, a capacidade de ouvir e ver é bem antiga.

"Imagine o que seria se milhões de pessoas nunca tivessem se tornado conscientes de terem o poder da visão. Isso é praticamente inconcebível. No entanto, milhões de pessoas não estão conscientes do poder de sua própria vontade — embora pudessem se tornar plenamente cientes dela se desenvolvessem o simples hábito de perceber o milagre da vontade em todo ato humano. Sem essa percepção, elas não podem nem guiar nem controlar sua vida. E sem essa capacidade de guiar e controlar não pode haver criatividade. Não importa quais são os seus outros talentos: enquanto não aprenderem a usar o poder da vontade, como aprenderam a usar a visão, essas pessoas estarão condenadas à mediocridade — e temo que esse seja o destino da maioria na face desse nosso maravilhoso planeta. Elas se aferram à sua mediocridade e se contentam com muito menos do que seriam capazes de conseguir por si mesmas. Os instrumentos de que precisam para obter tudo isso estão bem diante delas, bastando apenas que abram os olhos da mente para o que já possuem.

O SEGUNDO ENCONTRO

"Nossa percepção do poder de combinar idéia e vontade começa quando aceitamos o óbvio. Por exemplo, abrir os olhos para o fato de que somos incapazes de levar a efeito o ato mais simples sem o poder da vontade. Temos de considerar isso como uma função não diferente de nossos sentidos ou da nossa capacidade para mover braços e pernas. Temos de compreender que ela chega cheia de vida e que se expressa em *voz* baixa, mas clara, concitando-nos à ação. Essa pequena voz interior pode ser treinada para berrar, inspirando-nos, continuamente, à ação. Você se familiariza com ela, do mesmo modo que se familiarizou com a visão ou com o som. O fato de *vermos* é prova de que somos dotados de visão. O fato de *agirmos* é prova de que somos dotados de vontade."

"Mas, e se o senhor nunca ouvir essa voz interior? Existem pessoas que não possuem essa voz?"

Acton meneou a cabeça em gesto negativo. "Primeiramente, deixe-me assegurar-lhe que todos possuímos essa voz. Ela participa da nossa existência diária tanto quanto os cronômetros biológicos que controlam nossas batidas cardíacas ou nossa respiração. Nascemos com ela. Porém existe, reconhecidamente, uma diferença entre *possuir e ouvir* essa voz. Você sabe qual o caminho mais fácil e acessível para ouvi-la?"

Contraí os ombros em sinal de indagação.

39

CONVITE AO SUCESSO ───────────────

Meu anfitrião sorriu entusiasmado. "Sonhar de olhos abertos!", ele disse. "Sonhar de olhos abertos equivale à faculdade de deixar sua mente dar um salto e flutuar. Ela o fará entrar, imediatamente, em sintonia com os circuitos que o ligam a essa voz interior."

Acton observou o meu rosto por um momento. Então, de súbito, mudou o curso de seu monólogo, e, inopinadamente, de assunto. "Quanto tempo você levou para educar seus olhos?"

"Educá-los? Você abre os olhos e a luz entra..."

"Não. Durante semanas após o nascimento, o bebê olha para os olhos da mãe e capta apenas sensações indistintas, sem sentido. De fato, nessa tenra idade, ele nem mesmo distingue as sensações que chegam por meio dos receptores sensoriais que chamamos de olhos, das sensações que chegam por meio de outros receptores sensoriais. Ele certamente não nasce sabendo que algumas vibrações luminosas produzem as cores vermelhas, outras as azuis e assim por diante. Ele aprende tudo isso."

"Mas o que essas coisas têm que ver com a vontade?", perguntei. "Pensei que estivéssemos falando de vontade e de criatividade."

"Nós nascemos sabendo ler?", Acton perguntou, nada coibido pela minha pergunta.

O SEGUNDO ENCONTRO

"Tive professores. Eles me ensinaram."

"E quem o ensinou a ter vontade?"

"A ter vontade?"

"Sim, sim", Acton exclamou, impaciente. "Como você aprendeu a transformar seus mais caros sonhos em ação, e suas idéias mais estimulantes em coisas reais que você pode sentir, tocar, provar e cheirar?"

"Isso seria magia, alquimia", eu disse.

"Exatamente! Exatamente! É alquimia. É magia. É esse o ponto, não é?" Acton correu até a janela e apontou para fora. "Tudo o que você vê lá fora — fábricas, armazéns, carros, a estrada de ferro — como foi que tudo isso se concretizou? Por alquimia, sim. Eu nunca tinha pensado nisso, mas você está certo."

"As pessoas construíram tudo isso", eu disse, começando a me sentir pronto para um debate. "Não vejo magia nisso."

"Não? Vamos aprofundar a questão. Você diz que as pessoas construíram tudo isso, num abrir e fechar de olhos." Ele estalou os dedos para enfatizar seu ponto de vista. "Mas por meio de que magia essas pessoas que fizeram os carros e tudo mais que há lá fora se levantaram da cama de manhã? Por meio de que magia forjaram e juntaram as partes? E por meio de que magia fizeram os desenhos, os projetos e os planos de trabalho para que tudo isso se concretizasse?"

"Sua opinião é a de que eles foram *volitizados?*", eu disse, tendo até dificuldade para pronunciar a palavra. "Mas isso fazia parte do trabalho coletivo...", comecei, para calarme em seguida. Meu anfitrião estava de pé diante da janela, de costas para mim, olhando para fora.

"Venha cá", ele disse. "Quero saber o que você vê neste exato momento."

Curioso, atravessei a sala e parei um pouco atrás, olhando para além dele. Por um instante fugaz, não vi nada, absolutamente nada! Não havia prédios, nem carros, nem leitos de ferrovia nem vagões carregados de mercadorias esperando do lado de fora dos armazéns para serem descarregados. Eu devo ter deixado escapar certo ar de espanto, porque Acton voltou-se para me olhar, com um riso que ia de orelha a orelha, achando muita graça da minha perplexidade.

Eu não podia entender o que estava acontecendo comigo. Aquilo era um truque? Talvez tivesse algo que ver com o modo pelo qual a luz batia no vidro, provocando um reflexo que ofuscava o que eu vira no dia anterior. Tudo o que eu via agora era a paisagem natural, colinas, árvores e campos abertos. Esfreguei os olhos e me afastei da janela, procuran-

O SEGUNDO ENCONTRO

do ao redor da sala o que pudesse estar causando essa ilusão. Minha primeira idéia foi a de que Acton tinha, em algum lugar, um aparelho escondido que projetava aquela imagem sobre o vidro. Eu não sabia como o meu anfitrião o fizera, porém eu estava bem certo de que aquilo era obra sua.

"Olhe de novo", Acton disse. "Não desista."

Relutantemente, quase com medo, volvi de novo a atenção para a janela. E, sem sombra de dúvida, tudo voltara a ser como deveria ser: o conjunto de fábricas, a área de estacionamento, com suas faixas brancas de segurança, os carros e os caminhões.

"Como o senhor fez isso?", perguntei, não fazendo grande esforço para disfarçar minha irritação.

"Procure na sua própria vontade a resposta para isso", Acton disse. "Em um dado momento, nossa mente nos proporciona exatamente o que pedimos para ver e o que precisamos ver. Mas até que você esteja maduro para estar plenamente consciente disso, essas lições são descartadas como ilusões ou perda temporária de juízo. Aferre-se com muita força às suas próprias crenças, e você cegará a si próprio para as maiores verdades da sua existência."

Eu não consegui entender nada daquilo. Comecei a protestar, a fim de forçá-lo a me dizer o que havia feito para criar a ilusão de uma paisagem vazia. Porém algo me atraiu, novamente, à janela. Parei lá, petrificado, olhando para a área de estacionamento e para as edificações, como se as visse pela primeira vez. Vi os carros não como construções de metal, plástico e borracha, mas como idéias que nasceram na mente de pessoas, as quais eu não conhecia, mas que, indubitavelmente, haviam guardado a forma desses carros em suas mentes. Vislumbrei essas idéias e imagens como detentoras de poder próprio, fazendo de certa forma com que as pessoas as transformassem em desenhos sobre o papel ou as compusessem na tela do computador, depois em modelos, depois em projetos para máquinas que cortariam e dariam forma ao metal. Vi homens e mulheres trabalhando juntos para criar planos de distribuição, sistemas de trabalho que atrairiam as pessoas às fábricas, onde todas aquelas idéias seriam elaboradas, onde toda aquela energia humana seria organizada e canalizada para ações que resultariam na construção de carros ou edifícios, ou no que dissesse respeito a qualquer outro objeto criado pelo homem.

Meu coração pulsava agitado. "Eu vejo!"

Acton riu. "E eis aí a sua alquimia", ele disse. "Eis a sua magia. Não é maravilhoso? As idéias nada mais são do que instruções, padrões para a vontade, moldes para formar e cunhar o estofo imaterial dos nossos sonhos."

Na ocasião, eu estava tão enlevado com o que vira que esqueci completamente que estava zangado pelo fato de ele

O SEGUNDO ENCONTRO

estar fazendo truques comigo. Eu estava certo de que Acton tinha alguma maneira de manipular eletronicamente as imagens que eu vira da janela e queria que ele o confessasse e dissesse como isso era feito. Eu não estava nada inclinado a me sentar, silenciosamente, perto dele, tampouco a deixar que me manipulasse daquela forma. Eu lhe disse de imediato que queria uma resposta, e que, apesar do valor da lição que aprendera, eu, na realidade, não era o tipo de pessoa que reagia bem a truques.

"Esse truque foi seu, não meu", Acton insistiu. "Não tenha medo. Você está simplesmente abrindo o seu olhar interior para uma verdade maior. Não há nada a temer por *ver* essa verdade... pelo contrário, o verdadeiro perigo está em *não vê-la*. Juro que não usei truques com você. O que você viu, ou melhor, não viu, foi o que você precisava ver neste momento."

"O senhor quer dizer que eu sofri uma alucinação", eu disse, ainda cético, desde que eu não me lembrava de ter tido nenhuma alucinação na vida.

"Você pode chamar assim. Mas é mais. Trata-se de uma suspensão no seu hábito diário de ver. Um vislumbre da introvisão que você percebe." Acton fez uma pausa, parecia estar pensando, depois, sorriu enigmaticamente. "Você está aprendendo mais sobre o seu poder de visão do que desejaria talvez aprender." Inclinou a cabeça para trás e riu estrepitosamente.

Seu riso me deixou constrangido. Tive a impressão de ter-me transformado no alvo de um gracejo obscuro que eu não entendia.

"O senhor está rindo de mim", eu disse, fazendo-o saber que eu não estava nada satisfeito.

"De modo nenhum", ele disse. "Você não vê graça nisso? É apenas mais uma prova da sua vontade, da sua força criativa. Que descoberta você acabou de fazer! Você não só compreendeu que a vontade e as idéias criaram o mundo que você vê lá fora, como também constatou o imenso poder da sua própria vontade, que torna possível distorcer o que vemos, assim como torna possível transformar idéias em ações e ações em coisas que podemos ver e tocar. Esses truques da mente são a própria essência da comédia humana.

"A primeira vez que descobri a minha própria vontade, eu me transformei," Acton continuou. "Foi como se, naquele momento, eu tivesse renascido. Compreendi que eu e minha vontade estávamos não só intimamente ligados como também éramos uma só coisa. Tendo sido agraciado, abençoado, amaldiçoado com o dom da vontade, compreendi, também, que eu mesmo estava sujeito a todos os seus truques e benefícios. Por meio da vontade, eu poderia mudar a mim mesmo e o mundo ao meu redor. A compreensão desse poder tornou possível não só adaptar-me à mudança, como direcioná-la na minha vida. Grandes possibilidades nos ocorrem diante de uma mudança, de qualquer mudança, boa ou má. Em um dos piores momentos de minha vida vi, subitamente, que tinha o poder de forjar meu próprio futuro, a fim de realizar meu sonho, e até de criar novos sonhos, nunca antes imaginados, a partir da minha dor."

A essa altura, Acton calou-se, como se momentaneamente transportado a antigas lembranças. Vi seu rosto ficar triste, perturbado; depois, como se impelido por alguma invisível força interior, ele retornou ao presente. "No estudo da evolução", disse ele, "descobrimos que toda mudança dá a oportunidade de criar espécies totalmente novas. As mudanças de temperatura sobre a Terra, por exemplo, deram margem a novas espécies que estavam esperando nos bastidores pela sua oportunidade no palco da vida. Acontece o mesmo com todas as mudanças que ocorrem no mundo material dos negócios, mas apenas os que compreenderam os vastos poderes da vontade podem, plenamente, tirar vantagem de tais mudanças."

Senti-me exausto e confuso. Deixei a janela e voltei ao sofá, afundando em sua confortável maciez.

"De todos os meios de adaptação que evoluíram", Acton disse, "o poder que chamamos de volição é o maior. Ele

CONVITE AO SUCESSO

distingue a mente humana da mente de todos os outros animais. Eu ouvi, uma vez, uma palestra na Universidade John Hopkins, feita por um famoso biofísico, Marcus Johnson, que disse que o cérebro humano é 'um instrumento perfeito. Ele pode levar o homem a qualquer lugar que o homem deseje ir'. Nunca me esqueci disso, uma vez que, na minha vida, isso tem sido realmente verdade."

Eu nunca fui muito bom nessas profundas inquirições filosóficas. No entanto, o que Acton me disse começara a situar idéias, que me haviam intrigado no passado, num contexto prático e exeqüível. Eu lhe disse isso, o que pareceu agradar-lhe.

"O poder dessa grande magia, que ocorre quando a idéia e a vontade se aliam, é mais antigo do que nosso planeta", ele disse. "A evidência é de que elas são mais antigas que o próprio universo." Fez uma pausa, refletindo muito sobre o que estava agora se preparando para dizer.

"Espero que você me conceda um instante", ele disse. "Eu gostaria de tecer considerações sobre um dos meus passatempos favoritos, a astronomia. Foi Platão quem disse que a astronomia leva a alma a olhar para o alto, e nos conduz deste para um outro mundo. Preciso confessar a você que a astronomia me ensinou mais sobre idéia e volição do que todos os livros de psicologia, de administração, de literatura

O SEGUNDO ENCONTRO

clássica, e do que o mais conhecido manual de instruções que já li. Deixe-me explicar o que digo.

"Desde o começo dos tempos, os astrônomos nos disseram que houve um momento, anterior à criação do universo, em que tudo era vazio. Não só não existiam estrelas e planetas no céu, como não existia nem mesmo o espaço vazio. Não podemos nem mesmo atinar com esse conceito! É humanamente impossível fazê-lo. Na Bíblia, isso é chamado de *tempo informe*.

"Agora, imagine, se puder, um nada infinito, informe; imagine que não existe Terra, nem estrelas no céu, nem mesmo partículas de matéria em lugar nenhum, nem sequer um único nêutron, próton, elétron ou outra partícula subatômica — tampouco o que hoje se conhece como buraco negro. Nenhuma matéria física, nenhuma luz, nenhum movimento em nenhuma parte. Nada.

"Tudo era o vazio, o nada... nem mesmo o vazio existia! No entanto, a partir desse nada nasceu tudo o que vemos e percebemos com nossos cinco sentidos e intuímos e pensamos e sentimos. De fato, a vontade e a idéia formar-se-iam a partir de então."

Mais uma vez, ele se calou. Algo de novo pareceu ter-lhe aflorado rapidamente à mente. "Quanto você conhece da química e da física modernas?", perguntou. "Você tem

CONVITE AO SUCESSO

consciência de que o corpo humano é constituído das mesmas partículas elementares que existiam quando o universo começou a se formar? Lincoln Barrett disse que 'o corpo e o cérebro maravilhoso são mosaicos das mesmas partículas elementares que compõem as flutuantes nuvens negras do espaço interestelar'.

"Adoro essa idéia!", ele disse. "Fomos criados a partir da matéria original do universo, das partículas elementares originais, e essa matéria continua a se transformar e a se reagrupar continuamente. Quando eu morrer, essas partículas que compõem o que você identifica como minha pessoa irão, talvez, nas próximas centenas de milênios, se reunir a outras formas, como plantas, gases, mesmo pequenos animais, mesmo outros seres humanos ... *ad infinitum*. De qualquer maneira, isso me dá uma grande satisfação! Além do mais, acredito que, assim como herdamos as partículas elementares da primeira criação, cada um de nós herdou também uma pequena quota da força criadora original, a força responsável pela criação de todo nosso universo. E essa parte de nossa herança é a vontade!"

Ante essa última declaração, o rosto de Acton iluminou-se. Jogou as mãos para o lado como um dançarino preparando-se para um salto ou uma pirueta. No entanto, manteve-se ereto, preso ao solo, olhando para mim, à espera da minha resposta. Infelizmente, eu estava tendo dificuldade para associar mentalmente tudo aquilo. "Não entendo aonde o senhor quer chegar", eu disse. "Isso tudo nos leva aonde? Qual a conclusão?"

"A conclusão", ele respondeu sem hesitação, "é que somos, em todos os aspectos, microcosmos do universo, e uma vez que o universo subentende o Criador, somos também microcosmos do Criador." Acton parou, tornou-se pensativo.

"Como o Criador, você mesmo está apto a criar a forma", ele prosseguiu. "Você está apto a plasmar idéias a partir do vapor e da ausência de formas que existem em sua mente. E você confere a esse vapor uma realidade terrena por meio da sua vontade, e, depois, por meio das suas ações. Quando você aprende essa verdade, você prospera, descobre aquilo que é a sua própria realização e o seu sucesso."

Acton fez uma nova pausa, pesou as palavras cuidadosamente, depois continuou. "Acontece assim: *Idéia* — primeira aparição da forma no vapor, primeira evidência de moldes ou de modelos mentais, que é o que eu gosto de chamar de *padrões*. Estes organizam a matéria-prima da mente em novas formas. Depois, vem a idéia aliada à vontade, derivada do fato de você ter *fé* em sua idéia, sendo a fé a chave que lhe permite seguir em frente, arriscar o investimento do grande poder de sua vontade. E com a fé abarcando tudo, você agrega e molda a matéria-prima e outra vontade humana para seguirem o padrão que você criou. Finalmen-

CONVITE AO SUCESSO

te, aqui entra a *realização*, quando idéia, vontade e ação resultam, finalmente, em uma forma, tal como num automóvel, num edifício, num livro, numa canção."

Alguma coisa em suas palavras, ou talvez na maneira como ele pronunciara essas palavras, fez ressoar uma nota de sinceridade bem no fundo do meu ser. Tocou numa parte de mim que me era familiar. Era como, subitamente, ser capaz de articular uma palavra ou o nome de uma pessoa que há muito eu vinha batalhando para lembrar ou pronunciar. Eu não poderia repetir o que ele dissera mas, nesse momento — confesso que só por um instante fugaz —, percebi que realmente entendia.

"Faça disso um hábito", Acton disse. "Ver que, em todas as ações humanas, as idéias são padrões, instruções e um sistema interior de orientação para a vontade humana. A vontade direciona as energias de nosso corpo e mente. Quando você alia idéia e vontade, exerce sua capacidade de extrair a forma da não-forma. Até consegui-lo, você é como uma pessoa que tem um mapa do tesouro, mas que não faz nenhum esforço para organizar uma expedição para ir buscá-lo.

"Sem aliar a vontade às idéias, você só tem o vazio. A pessoa que só tem idéias não começou nem mesmo a conhecer as infinitas possibilidades criativas que abrir-se-ão para si quando ousar reivindicar o uso de sua própria vontade.

O SEGUNDO ENCONTRO

"Há muitos anos, contratei um desenhista cheio de idéias. Na sua primeira semana de trabalho, passamos horas e horas juntos, despejando idéias aos montes. Foi um período estimulante. Depois comecei a me cansar de nossos encontros. Eu o evitava no *hall* de entrada e dava desculpas para não continuar com nosso trabalho em conjunto." Enquanto falava, Acton andava pela sala a passos largos. Parecia, enquanto falava, triste e um tanto agitado.

"A princípio, pensei que sentia inveja da grande capacidade criativa desse homem. Depois, atinei com o porquê do meu enfado. Ele não era de forma alguma criativo! Só tinha idéias. Não sabia o que fazer com as idéias depois de as ter engendrado. Quando percebi isso, senti-me profundamente decepcionado. Eu era moço, portanto, meio precipitado em meus julgamentos. Notifiquei-o, imediatamente, de que fora demitido. Ele ficou magoado. Achava que estávamos nos dando tão bem! A essa época, eu não sabia ensinar pessoas de idéias a darem o passo seguinte. Receio que o pobre homem nunca tenha compreendido por que o demiti, ou por que eu achava que, para mim, ele falhara. Posteriormente, ele teve sucesso, de forma que suspeito tenha aprendido a lição, apesar de minha ignorância e insensibilidade a seu respeito.

"Deixe-me avisá-lo: as idéias têm vida própria", Acton disse. "Ninguém, na verdade, as possui. Se você não fizer uso das que vêm ao seu encontro, uma outra pessoa o fará. Algumas vezes penso que as idéias estão aí para qualquer pessoa as captar — é mais ou menos como ligar o rádio. Victor Hugo disse: 'Nada, nem todos os exércitos, pode deter uma idéia para a qual o momento chegou.' Pense nisso desta forma: a idéia abstrata para inventar um descaroçador de algodão estava flutuando lá longe no ar, pelo menos há centenas de anos, antes que Whitney a tivesse agarrado. O fato de que Whitney se serviu dessa idéia para dar instruções a sua vontade foi a razão de Whitney fazer dela um sucesso.

"Ter idéias é um fenômeno perfeitamente natural, uma resposta do cérebro e do sistema nervoso central, que ocorre, simplesmente, ao se conceber um problema ou uma necessidade na mente. Não requer grande esforço. Você diz que lhe faltam idéias? Eu afirmo que isso é impossível.O processo de ideação é a essência da simplicidade. Comece por dar uma clara definição a um problema ou a uma necessidade que você vê em sua vida. Depois, guarde essa definição no fundo de sua mente. Em seguida, relaxe completamente, mas mantenha os olhos e ouvidos abertos para a solução — e, acredite-me, as idéias vão começar a 'chover' sobre você, freqüentemente de uma maneira inesperada. Não acontecerá, necessariamente, na primeira vez que o fizer, nem na segunda ou terceira, para o caso em pauta. Porém, a mera definição do problema agirá como um ímã que atrairá idéias e soluções.

O SEGUNDO ENCONTRO

"Uma história, muito repetida, diz que Kekulé, um químico do século XIX, descobriu a fórmula da molécula do benzeno enquanto observava as brasas na lareira, depois de horas extenuantes no seu laboratório. Por um momento, seu olhar fixou-se na combustão lenta do carvão. Subitamente, distinguiu a figura de uma serpente, com a ponta da cauda na boca. E era essa a forma que ele estava procurando! Esse formato de anel representava o átomo do carbono sobre o qual baseava-se o benzeno. Aplicando essa idéia à incipiente ciência da química, ele revolucionou a área."

Nesse momento, a secretária de Acton pôs a cabeça na porta. Enquanto ela falava, olhei para ela por cima de meus ombros, mas minha visão estava bloqueada pela curiosa escultura do homem no monociclo, que havia notado na minha primeira visita. Percebi, imediatamente, que o pneu do monociclo era a serpente da história que Acton acabava de me contar. O ciclista, uma caricatura do meu anfitrião!

A secretária de Acton estava lhe falando de um compromisso ao qual ele tinha de comparecer. Depois voltou-se e se foi. Eu retornei ao meu anfitrião.

"Lamento, mas o dever me chama", disse, pesaroso. "Vamos nos encontrar na próxima semana, neste mesmo horário?"

Respondi que estava ansioso por isso. Apertamos as mãos e ele me acompanhou até a porta. Uma coisa estranha aconteceu comigo, algo sutil, porém importante. Quando apertamos as mãos, esse gesto, no passado tão automático para mim, agora se transformara num ato deliberado, num ato pelo qual eu poderia ou não optar. Era, como disse, um pormenor, no entanto, quando me voltei e segui para o elevador, soube que aquela sutil percepção significava uma espécie de momento decisivo.

As palavras que me acorriam à mente eram: *Não sou mais um piloto automático.* Compreendi que tudo o que faço é, antes de mais nada, plasmado por uma idéia que trago dentro de mim, como Acton explicara. Essa idéia fornece, ao poder da vontade, um mapa, com uma série de instruções a seguir. De dentro desse processo emanara tudo o que eu havia até então feito na vida, e de dentro dele sairia todo meu futuro.

O que Acton dissera? Por instantes, suas palavras ecoaram na minha mente. *"Adquira o hábito de ver que, em toda ação humana, as idéias são padrões, instruções para a vontade humana."*

Tendo sido, durante todos esses anos, um piloto automático, eu havia prestado pouca atenção às instruções, que, até então, eu dera ao poder da minha vontade. Se Acton es-

O SEGUNDO ENCONTRO

tava certo a respeito de tudo isso, e acredito que estava, seria possível selecionar essas idéias, com maior cuidado. Eu poderia, agora, guiar minha vontade de uma forma que iria, verdadeiramente, transformar meus sonhos mais malucos em realidade.

O Terceiro Encontro

Devido a problemas na minha agenda, tive de cancelar o meu encontro seguinte com Acton no último minuto. Na semana seguinte, ele cancelou. Tivemos dificuldades para coordenar nossos horários na semana que se seguiu a essa. Então, passou-se quase um mês.

Quando, afinal, nos encontramos novamente, foi num dia em que Acton estaria ocupado com outras coisas. Ele me avisou antecipadamente que ocorreriam interrupções.

Nem bem eu me acomodara diante dele, no grande sofá do escritório que se transformara no nosso ponto de encontro, sua secretária tocou o interfone para anunciar que uma pessoa, chamada Jay, estava na linha e que ela havia terminado o projeto em que estava trabalhando. A secretária não disse qual projeto.

CONVITE AO SUCESSO

Acton desculpou-se e encaminhou-se à sua mesa, pegando imediatamente o telefone: "Alô, Jay", ele disse, alegremente. Ouviu por um momento, depois respondeu, "Claro, eu posso descer. Dê-me cinco minutos. Certo! Até já". Fiquei surpreso ao ver que incomodavam o presidente da companhia com isso, já que nas outras companhias que visitei, esses assuntos seriam da responsabilidade de um gerente de projetos. Soube mais tarde que aquele era um projeto importante que Acton vinha conduzindo há muitos meses e que, posteriormente, resultou num contrato fabuloso, que envolvia centenas de milhões de dólares. Naquela ocasião, entretanto, Acton deu a impressão, realmente, de que se tratava de algo normal.

Ele pôs o fone no gancho e voltou-se para mim. "Você gostaria de dar uma volta por aqui?"

" Gostaria", eu disse.

"Eu tenho de comparecer a um breve encontro no Departamento de *Brainstorming**. Gostaria que você visse o que temos lá."

---

* *Brainstorming*: Livre debate em que os participantes dão idéias e sugestões. (N. T.)

60

O TERCEIRO ENCONTRO

Saímos do escritório. Segui Acton e dirigimo-nos apressadamente para o elevador. Não dissemos uma palavra enquanto esperávamos que as portas do elevador se abrissem. Ele parecia estar mergulhado em pensamentos e eu não queria perturbá-lo. Quando o elevador finalmente chegou, Acton apertou o botão do quarto andar. Segundos depois, eu o estava seguindo com dificuldade, enquanto ele caminhava rapidamente ao longo de um comprido corredor, ladeado de escritórios.

Por diversas vezes, antes de chegar ao nosso destino, Acton enfiou a cabeça pelas portas abertas para cumprimentar alguém que estava lá dentro ou era parado por funcionários que queriam trocar umas poucas palavras. Em todas as ocasiões, os contatos eram amigáveis e francos, embora objetivos e práticos. Algumas vezes, as conversas versavam sobre projetos em que as pessoas estavam trabalhando. Outras vezes, era apenas uma troca de amabilidades. Tive a impressão de que os empregados de Acton o conheciam bem e que sabiam exatamente o que esperar dele. Estava claro que ele era o patrão e que eles o respeitavam. Mas não havia nada da tensão Cobra-Peixe Miúdo, tão comum na maior parte das companhias, quando os VIPs cruzam os saguões.

Quanto a Acton, ele dava a impressão de apreciar, profundamente, esse contato com seus empregados. Seus olhos brilhavam e ele parecia cheio de energia, mais como uma

CONVITE AO SUCESSO

criança brincando do que como um executivo à frente de uma corporação de muitos milhões de dólares.

No final do saguão, entramos numa grande sala que tinha uma mesa de conferência deslocada para um lado. A sala tinha uma porção de cadeiras confortáveis, cada uma com sua própria lâmpada e uma mesa lateral.

Minha atenção foi atraída para uma grande placa de madeira pendurada em cima da porta, sobre a qual as seguintes palavras estavam gravadas numa caligrafia vigorosa:

Se alguém avança confiantemente na direção
de seus sonhos, e batalha para viver a vida que
sonhou, obterá um sucesso inesperado
em ocasiões normais.

— *Henry David Thoreau*

Nessa sala havia duas pinturas interessantes. A primeira, uma marinha suave, que instilava uma atmosfera de relaxamento e tranqüilidade. A segunda era mais extravagante — o quadro colorido de uma enorme mesa de conferência, ao redor da qual sentava-se um grupo de homens e de mulheres muito irritados. Acima de suas cabeças, representando seus sonhos diários, viam-se suas figuras, deitadas na praia,

O TERCEIRO ENCONTRO

ou pilotando um carro de corrida, ou voando em um balão de gás, ou dançando num salão de dança apinhado — uma dezena ou mais de atividades que imprimiam uma gama completamente diferente às criaturas ao redor da mesa.

Acima de tudo, a sala parecia mais um clube privado que um local de trabalho. Um homem e uma mulher, displicentemente vestidos, estavam sentados examinando um material que parecia ser desenhos arquitetônicos. O homem sentado à mesa viu-nos entrar, acenou ligeiramente para cumprimentar, depois voltou sua atenção a seu trabalho com a mulher. Ele, obviamente, não dava especial importância à presença de Acton.

"Esta é a sala de conferências", disse Acton. "Como você pode ver, foi planejada para oferecer conforto. O raciocínio e as relações profissionais ficam muito melhores quando as necessidades de conforto das pessoas são satisfeitas.

Eu me pus a pensar se aquela filosofia era válida para toda a empresa, ou se ela se resumia àquela sala reservada à elite da organização — aparentemente engenheiros, desenhistas, criadores. Nesse momento, uma porta da sala se abriu e um homem, vestindo um macacão sujo de graxa, entrou, trazendo sob o braço uma pilha do que parecia ser manuais de reparação. Quando nos viu, sorriu e veio diretamente na nossa direção para um aperto de mãos.

CONVITE AO SUCESSO

"Sr. Acton", ele disse, "penso que achei a solução para aquele problema que estávamos tendo com o montador da estação nove." Ele pegou um dos manuais. "Estou indo para lá agora. Consegui obter uma cópia do circuito com uma fábrica que tem uma máquina igual em Dayton. Se meus cálculos estiverem certos, é coisa fácil de consertar e conseguiremos reduzir a defasagem para zero."

O homem passou por nós todo animado, e saiu pela porta, aparentemente indo reparar a máquina de que havia falado.

"Tom é um trabalhador extraordinário", disse Acton. "Nós o empregamos como mecânico não-especializado há cinco anos, na seção de transporte. Ele não se deu bem lá, e, quando o chefe dele estudou o caso, descobriu que Tom trabalhava melhor quando tinha um problema especial de mecânica para resolver, de preferência um que outras pessoas tivessem tentado solucionar e tivessem falhado. O chefe dele procurou um jeito de aproveitar Tom dessa maneira, isto é, da maneira em que ele trabalhava melhor. Viu que poderia reduzir os custos de manutenção se contássemos com alguém que localizasse e reparasse as avarias e que se dedicasse a rastrear problemas que não pudessem ser resolvidos pelo manual. Essa idéia resultou num grande sucesso tanto para Tom como para a companhia."

"O seu escritório é aqui?", perguntei.

O TERCEIRO ENCONTRO

"Não, ninguém tem escritório permanente aqui. Aqui é onde as pessoas vêm quando estão na etapa de um trabalho como idéia. É por isso que o chamamos de Departamento de *Brainstorming*. Na minha mente, comparo esse local com o laboratório de Kekulé — porém, se eu lhe desse esse nome, acho que eles me trancafiariam. Mas ele, realmente, lembra-me o laboratório de Kekulé, embora tenhamos substituído a brasa da lareira por modernos estimuladores da imaginação — como computadores, filmes, acesso a bancos de dados de todo o mundo etc.

"Existe aqui toda espécie de coisas com que se distrair, não só bases de dados, filmotecas e videotecas, como uma coleção de brinquedos para estimular o raciocínio. Temos jogos de computador que o conduzem a um estado de profundo relaxamento e, depois, uma série de quebra-cabeças que o estimulam a jogar com a ambigüidade, afastando-o de seus hábitos mentais de forma a fazê-lo ver seus problemas de um ângulo completamente novo. Temos catálogos de velhas patentes, datadas da virada do século, que os engenheiros adoram vasculhar. Você se surpreenderia diante do número de novas idéias que, realmente, não passam de repetições de uma peça de uma velha tecnologia que teve, originalmente, uma aplicação totalmente diferente. Eu não posso nem mesmo começar a lhe falar de quantas novas idéias nasceram do fato de nosso pessoal passar mesmo uma hora ou duas aqui."

CONVITE AO SUCESSO

"O senhor quer dizer que qualquer chefe de departamento que queira resolver um problema especial pode vir aqui?"

"Qualquer pessoa pode vir aqui, chefe de departamento ou não", disse Acton. "Do porteiro ao... bem, a mim mesmo. Não se trata de um clube exclusivo. Na verdade, isso é parte do sucesso desse esquema. A coisa mais preciosa aqui não está nas bibliotecas que deixamos à disposição do pessoal, mas na interação entre as pessoas que é estimulada por nós. Todo aquele que precisa pensar de uma maneira criativa, resolver um problema específico de seu trabalho, vem aqui. Pessoas de diferentes departamentos misturam-se aqui. Dessa forma, a mão direita fica sabendo o que a esquerda está fazendo.

"Porém, mais importante que a mescla de departamentos é a atividade que chamo de Reunião de Especialistas/Não-Especialistas. Nessas reuniões, uma pessoa, ou um departamento com um problema para resolver, escolhe ao acaso um número de pessoas de um departamento, que não o seu, e de uma área especializada, que não a sua. Temos um programa de computador que realiza essa seleção de forma que não há possibilidade de você escolher pessoas que, na sua opinião, possam corresponder às suas necessidades. Veja bem, é importante escolhermos pessoas completamente alheias à linha das questões em pauta, a fim de que elas tragam soluções realmente criativas à maioria dos problemas.

O TERCEIRO ENCONTRO

A maioria dos problemas acontece porque estamos comprometidos com o nosso próprio sistema de raciocínio. Estar comprometido com esse sistema é importante, não me entenda mal. Sem as regras e as normas de um sistema, a eficiência cai verticalmente. Mas existem verdadeiras contradições no caso, pois nenhum sistema é perfeito. Todos têm um ponto fraco e, para supri-lo, precisamos sair do sistema. Nisso consiste a beleza das reuniões em que especialistas e não-especialistas se misturam.

"Às vezes, um especialista está convencido de que uma coisa não pode ser feita, que não há solução. Mas, ao discutir esse mesmo problema com um não-especialista — uma pessoa que não sabe que a coisa não pode ser feita —, encontramos, freqüentemente, soluções surpreendentes. Mesmo as mais improváveis possibilidades ficaram conhecidas como tendo, aqui, se tornado produtivas e lucrativas, pelo fato de se estimular a mente a acolher idéias que levam a vontade a novos caminhos estimulantes.

"Disso eu extraí uma lição da História. O homem do Renascimento era extremamente criativo, em parte porque sua mente se dedicava a muitos assuntos diferentes — matemática, história natural, literatura, arte, política. Essa era a aplicação prática do que Einstein chamava de processo de *recombinação*. Isso significa, apenas, que novas idéias surgem quando assuntos aparentemente não-relacionados se aliam, pondo, por exemplo, princípios de matemática ao lado dos da música, a partir do que podem nascer novos conceitos para ambas as formas.

"Nesta era de especialização, perdemos, talvez, alguns de nossos potenciais criativos, porque não nos servimos da grande vantagem que poderíamos ter, misturando tudo. Há um hábito que tento fomentar em todos que trabalham aqui: *Quando você estiver às voltas com um problema que, aparentemente, o bloqueia, pegue um livro, ou veja um filme sobre um assunto completamente diferente.* Pode ser qualquer coisa. Escolha ao acaso: isso é importante. Depois, procure um meio de relacionar essa nova informação, escolhida ao acaso, com o problema em que você está trabalhando. Exagere ao fazer essas associações. Não se importe se parecerem fora de propósito. Quanto mais fantasiosas, melhor. Muitas vezes, durante esse processo sua mente se abre para surpreendentes possibilidades, criando novas formas que, em última análise, resolverão o problema no qual você está trabalhando.

"O Departamento de *Brainstorming* estimula a inovação e a criatividade em altos níveis, não só pondo à disposição uma grande variedade de informações, pelo acesso a bancos de dados, de *videotapes*, leitura, audição de música e até esporte, mas também destruindo a barreira das especializações, com reuniões mistas e ainda com o processo de recombinação.

O TERCEIRO ENCONTRO

"Num comentário menos impressionante, mas não menos importante, o Departamento de *Brainstorming* teve realmente início quando descobrimos que muitos de nossos departamentos estavam dobrando o número de seu pessoal. Essa prática é dispendiosa por dois motivos: em primeiro lugar, consiste na mais óbvia perda pagar duas pessoas para fazer o mesmo serviço. Em segundo lugar, torna-se menos óbvio o fato de que as pessoas precisam saber que seu trabalho é útil e que o tempo e o esforço que nele despendem representam uma contribuição real. Eu acho que a falta de sensibilidade a essas necessidades humanas constitui o mais dispendioso equívoco da indústria americana. Se você não tiver um ambiente de trabalho que supra as necessidades humanas, a produtividade diminui, o estado de espírito se enfraquece, a rotatividade dos empregados aumenta e o trabalho passa a custar uma fábula. Conseguimos resultados por meio das pessoas. Não levar em consideração as necessidades humanas no ambiente de trabalho faz tanto sentido quanto negligenciar a lubrificação e a manutenção das máquinas na linha de produção."

Havíamos deixado o Departamento de *Brainstorming* e, quando passamos pela porta à nossa direita, ouvi um ruído abafado, que vinha lá de dentro, vozes e correria. "O que é isso?", perguntei alarmado.

Acton riu ao notar meu espanto. "Esse é o ginásio de nossos empregados. Fazemos umas pausas para que façam exercícios físicos. Achamos que um intervalo de quarenta minutos, fazendo cestas no jogo de basquete ou se exercitando numa bicicleta ergométrica, aumenta o rendimento e a satisfação do empregado mais do que café com biscoito à tarde. Aqueles que fazem isso com regularidade também se mantêm mais saudáveis, o que reduz suas faltas ao trabalho.

"Eu não tinha pensado nisso quando planejei essa área, mas acontece que pessoas que normalmente não se dariam umas com as outras começam a se conhecer e podem até mesmo chegar a ter uma vida social fora do trabalho. É o tema da *recombinação* novamente. Dessa forma, rompe-se com a hierarquia e as pessoas passam a se relacionar umas com as outras. Sem terem previsto, elas começam a ver-se como recursos. De forma que, quando Joe Thelms, do departamento de publicidade, tiver um problema especial para resolver com seu sistema telefônico, ele se lembrará de que encontrou Al Bagley, o eletricista, na quadra de basquete e o chamará. Disso nasceu um conceito inteiramente novo de um esquema orientado não só para o trabalho, mas também voltado a consolidar as relações humanas entre o pessoal de cada área, antes que você precise de sua assistência no caso de um serviço especial. Então, quando você se vê diante de uma situação em que precise dessa pessoa, ou em que uma precise da outra, obtêm-se níveis muito mais altos de participação.

O TERCEIRO ENCONTRO

"O esporte funciona muito bem de outra maneira. Você deve conhecer os livros de treinamento esportivo de Timothy Gallwey, como, por exemplo, *The Inner Game of Tennis*. Nesse livro, ele afirma que, quando estamos ocupados com exercícios físicos e de coordenação, as atividades lógicas do lóbulo esquerdo precisam dar passagem ao ilógico lóbulo direito associado aos nossos esforços mais criativos. Gallwey gosta muito de citar o mestre zen D. T. Suzuki para explicar a importância desse processo. Foi Suzuki quem disse que *"Grandes trabalhos são realizados quando não estamos calculando e pensando"*. Certa vez, li uma descrição desse estado mental, atribuído a um grande zagueiro do futebol, na qual dizia que quando ele estava realmente no jogo, sua mente se esvaziava. Ele afirmava que, *quando não estava pensando em nada*, tinha condições de ver tudo.

"Você ficaria surpreso com a quantidade de idéias que as pessoas freqüentemente têm depois de uma pausa para fazer um pouco de ginástica ou jogar um pouco de basquete", Acton acrescentou.

Chegamos a uma porta de escritório fechada e paramos brevemente diante dela. Acton bateu duas vezes, depois abriu e entramos. Fomos recebidos por uma mulher de uns 30 anos, vestida com *jeans* de marca e um suéter largo de malha de algodão.

Ela me foi apresentada como "Jay". Estava encarregada de preparar uma importante apresentação para a venda de um produto que estavam esperando desenvolver e produzir em conjunto com a General Motors.

"Quer que eu faça uma demonstração completa para o senhor?", Jay perguntou a Acton.

"Eu gostaria muito", Acton respondeu.

Jay abriu a porta de um armário e apertou o botão de um consolo eletrônico. Um grande painel deslizou, revelando um gigantesco monitor de televisão. No mesmo instante, a imagem de Acton tomou a tela.

Assistimos a um discurso de apresentação, de uns cinco minutos, feitos por Acton. Sua mensagem era surpreendentemente calorosa e sincera. Ele apresentou alguns funcionários da ONTALD INDUSTRIES que estariam trabalhando no projeto de que tratava a apresentação, falando não só sobre suas credenciais profissionais como também sobre a formação de cada um deles. Era interessante assistir àquelas pequenas biografias. Quando ele terminou, eu tinha a impressão de ter estabelecido um forte laço pessoal com cada pessoa envolvida no projeto. Fiz essa observação ao final da fita.

"Meus motivos para isso não são sentimentais", ele disse. "Se esse projeto der certo, muitas das pessoas nele envolvidas estarão trabalhando juntas durante três anos e meio.

O TERCEIRO ENCONTRO

Portanto, queremos ter certeza de estarmos reunindo uma equipe altamente compatível."

Acton explicou que, quando ele estava organizando as equipes de trabalho, pediu a seus empregados que permitissem ser filmados em diversas circunstâncias. Havia um circuito de câmeras para essa finalidade nos principais locais de trabalho, embora elas nunca fossem usadas sem o pleno consentimento de cada um.

Jay pôs uma dessas fitas. Foi-nos mostrada a imagem de um homem de uns 30 anos. Ele fez um breve resumo de sua educação e experiência profissional. Depois vimos uma série de vinhetas dele trabalhando e se divertindo em várias ocasiões. Já no final da fita houve uma entrevista na qual ele respondeu a várias perguntas sobre o que ele pensava e como se sentia com relação ao trabalho. Quando terminou, eu tinha uma visão surpreendentemente clara do tipo de pessoa que ele era. Se eu fosse um colega de trabalho em potencial, teria percebido que obtivera uma informação muito concreta sobre como eu e ele poderíamos trabalhar juntos.

"Deixe-me explicar isso", disse Acton. "Há alguns anos decidimos que tentaríamos chegar a um acordo quanto ao fato de que *todas as pessoas do mundo são dotadas de um único conjunto de condições nas quais darão o melhor de si.* Você deve se lembrar da história que contei sobre Tom, minutos atrás. A princípio, tentamos fazer com que todas as pessoas

CONVITE AO SUCESSO

se encaixassem num mesmo molde. Até certo ponto, fazer as pessoas se encaixarem em moldes foi necessário e, de certo modo, deu certo. Mas hoje percebo que o sucesso alcançado foi muito limitado devido ao fato de não motivar as pessoas a se superarem no trabalho, mas de conduzi-las a um denominador comum de mediocridade.

"Quando as condições individuais de trabalho são alcançadas, a criatividade e a aplicação produtiva da vontade tornam-se naturalmente elevadas. E mais, a pessoa fica mais receptiva aos processos criativos de seus colegas de trabalho — e isso é o comum, como também o Pote-de-Ouro-do-Final-do-Arco-Íris de toda grande corporação. A produtividade cresce e a satisfação da pessoa com seu trabalho aumenta. Não estou falando de uma técnica manipulativo-motivacional. Não há nada por trás disso. Não se usa nenhuma influência. Todo mundo ganha e todo mundo lucra.

"Quando um novo empregado é admitido, procuramos identificar sua condição ideal de trabalho e esta é registrada em computadores no Departamento de Recursos Humanos. No mundo dos negócios americano, dá-se muita ênfase ao desenvolvimento de especializações, enquanto pouca ou nenhuma atenção é dada aos padrões individuais de trabalho, que, em última análise, podem promover ou destruir o melhor especialista do mundo — e posso acrescentar que a falha em atender a essas condições pode também reduzir

O TERCEIRO ENCONTRO

sensivelmente o potencial produtivo e a capacidade criativa de cada um.

"Enquanto houver pessoas envolvidas — e, no mundo dos negócios, elas sempre estão — precisamos, na verdade, atentar para o ambiente humano. A orientação das pessoas não é apenas uma coisa delicada: é a chave da criatividade, da alta produtividade e da eficiência.

"As condições que precisamos considerar incluem não só as especialidades ou o tipo de trabalho que a pessoa executa melhor, mas o tipo de relação que prefere ter com as pessoas — trabalhar sozinha, com colegas de igual formação, com um chefe mais idoso ou com um mais jovem — bem como os fatores como considerações de prazo, isto é, trabalhar sob pressão, tendo uma data determinada para entregar um trabalho, ou trabalhar com liberdade, sem uma data determinada. Existe um número infinito de possibilidades. Esses fatores, em nossa opinião, são indicadores muito precisos de como a pessoa trabalha melhor e são muito coerentes de uma tarefa para outra. Quando procuramos meios de uma pessoa poder trabalhar dentro do padrão determinado por suas condições individuais, a criatividade, a produtividade e a satisfação com o trabalho aumentam exponencialmente. J. Paul Getty falava freqüentemente do valor existente em se ajudar as pessoas a encontrarem '*aquele estado mental, vividamente perceptivo, que emprega toda a capacidade e inteli-*

CONVITE AO SUCESSO

gência do indivíduo nas tarefas e metas de seu negócio'. É isso que procuramos fazer ao considerar os padrões individuais de trabalho. É a luz verde para toda vontade individual.

"Conhecer as condições de trabalho da pessoa é especialmente importante quando estamos organizando as equipes de trabalho. Combinamos as pessoas não só de acordo com sua capacidade, mas de acordo com os padrões e condições individuais, orquestrando o grupo de trabalho como um musicista faria ao selecionar os músicos de um quarteto, ou de outro grupo menor, onde o estilo individual e a personalidade podem ser decisivos. Quando aptos a fazer isso — e hoje podemos fazê-lo em cerca de 90% dos casos — os maiores poderes de ideação e de vontade entram em cena, e o que Getty chamava de 'aquele estado mental, vividamente perceptivo' é utilizado na tarefa."

"Mas esse processo não é complicado e demorado?", perguntei.

"Em absoluto", Acton respondeu. "É muito mais simples do que você pensa. O processo de identificação leva menos de uma hora por empregado. Lembre-se, nas melhores organizações essas condições pessoais são, eventualmente, descobertas, consciente ou inconscientemente, por tentativa e erro. Por tentativa e erro, entretanto, pode levar anos até que uma pessoa identifique suas condições ideais de tra-

O TERCEIRO ENCONTRO

balho. Com nosso sistema, fazemos tudo no início, ao orientarmos o empregado."

"Mas é responsabilidade da indústria fazer tudo isso?", perguntei. "Cabe ao empregador ajudar a pessoa a identificar suas próprias condições ideais de trabalho e ajudá-la a criar um ambiente de trabalho onde ela possa vir a realizarse plenamente?"

Acton pensou um pouco antes de responder. "Quando Abraham Collier se aposentou do seu cargo de Presidente da New England Mutual Life", ele disse finalmente, "falou a alguns de nós que ele acreditava que *'a primeira missão dos líderes do mundo de negócios era a de criar um ambiente no qual pudesse florescer não só o gênio individual, mas, também, e o que era mais importante, a capacidade conjunta das outras pessoas da organização'*. Acho que ele estava certo."

Nesse momento, Acton voltou sua atenção novamente para Jay. Enquanto assistiam ao resto do vídeo, minha mente ocupou-se com as idéias que ele acabava de me transmitir. Mais tarde, eu mal me lembraria do verdadeiro tema da apresentação.

Quando Acton terminou um breve diálogo com Jay, eu tinha muitas perguntas para fazer. Mas nem bem eu começara a formular algumas dessas perguntas mentalmente, Acton virou-se para mim e declarou: "Meu tempo está se esgo-

CONVITE AO SUCESSO

tando. Dentro de uma hora, parto para uma reunião em Vancouver."

Fiquei desapontado pelo fato de não termos mais tempo para conversar, mas eu nada podia fazer a respeito. Despedimo-nos rapidamente de Jay e nos dirigimos para o *hall* em direção aos elevadores. Enquanto andávamos, ele parecia profundamente absorto em seus pensamentos, e eu profundamente absorto nos meus.

Eu estava começando a perceber que a filosofia de Acton não ficava apenas na teoria. Eu via, por todos os lados, provas de que ele ou praticava o que pregava ou que sua filosofia se desenvolvera depois do fato: isto é, que ele fizera a filosofia adequar-se ao que ele descobria por tentativa e erro ou, então, ao que dava certo para ele. Perguntei-lhe se sua filosofia influenciara a maneira pela qual ele organizara sua fábrica, ou se a organização influenciara sua filosofia.

"Trata-se, na verdade, de uma rua de mão dupla", ele disse. "A filosofia nada mais é do que a vontade humana, fustigada, de um lado para outro, pelas idéias. Dirigir pessoas e criar produtos e serviços representa a plena concretização e o último teste desse processo. Porém, para mim, a parte mais excitante é a visão do todo, a idéia pessoal que mantém o todo unido. Creio que Paolo Soleri disse isso com melhores palavras: '*A ação é estéril sem uma visão que a torne real e abrangente.*' Essa visão nos incute uma missão que nos im-

O TERCEIRO ENCONTRO

pele rumo a nossos objetivos, a despeito dos mais frustrantes obstáculos erguidos contra nós.

"Eu acho que o que mais me fascina no que diz respeito aos negócios não é a promessa de riqueza material ou a agitação da indústria, mas o fato de que eles proporcionam ao mundo o melhor campo de provas para todo o pensamento da humanidade desde o início dos tempos. Se ele não funciona aqui, se não apresenta resultados mensuráveis, é provável que a idéia só foi realizada parcialmente. Nós, aqui, estamos constantemente aprendendo, continuamente criando e introduzindo novas idéias. E obtemos, realmente, resultados impressionantes, como nosso balanço anual tem demonstrado nesses últimos quarenta anos."

Chegamos ao elevador, onde Acton voltou-se para mim e resumiu o que expusera a mim durante aquele dia, da seguinte maneira:

"Habitue-se a reconhecer que cada pessoa é dotada de um conjunto de condições individuais, de um padrão pessoal sob o qual o poder da sua vontade pode vir à luz. Procure meios de tornar acessíveis essas condições, tanto para você como para os outros."

Ele, então, apertou minha mão e confirmou nosso encontro para a semana seguinte. Voltou-se e tomou o elevador, subindo para o seu escritório, ao passo que eu tomei o elevador que me levou à garagem.

Momentos depois, quando entrei no meu carro e dei a partida, compreendi, pela primeira vez, que eu começara a confiar em Acton e a gostar dele... a gostar muito dele. A opinião que eu tivera a seu respeito depois do nosso primeiro encontro, de que ele não passava de um velhote a filosofar, sem dúvida, havia ido pelos ares. Se ele era um filósofo, como às vezes parecia ser, suas teorias tinham se transformado em ações e resultados dentro do contexto dos negócios. Ele era, sobretudo, um ser humano pragmático e, realmente, extraordinário.

O Quarto Encontro

No dia seguinte ao meu último encontro com Acton, li nos jornais que o diretor presidente de uma companhia satélite da ONTALD INDUSTRIES, fabricante de componentes eletrônicos em Vancouver, havia sido demitido. Donald Regis, o diretor presidente em questão, estivera na empresa por mais de dez anos, dizia o artigo, e sua demissão fora uma surpresa para todos. Como acontecia freqüentemente quando Acton estava envolvido, correram boatos de que a demissão de Donald decorrera de um ato irracional de um velho excêntrico.

Tendo apenas saído de um dos meus encontros com Acton, fiquei bastante aborrecido com a maneira como a mídia divulgava essa notícia. No decorrer da semana seguinte, quando, vez por outra, eu pensava no que havia lido, ficava cada vez mais zangado. O que me intrigava não era só o fa-

CONVITE AO SUCESSO

to de Acton ter sido, na minha opinião, difamado, mas o fato de ele não ter feito nada para se defender nem para responder a seus acusadores.

Na manhã seguinte à reportagem sobre a demissão, com a minha agenda lotada, foi difícil encontrar uma brecha para me encontrar com Acton. Finalmente, conseguimos dar um jeito de passar meia hora juntos. Visto que tínhamos tão pouco tempo para conversar, comecei a bombardear Acton com perguntas, assim que entrei em seu escritório: Fora ele mesmo quem despedira Donald Regis? Tinha ele lido o que os jornais haviam dito a seu respeito? E por que não se defendera?

A princípio, Acton parecera muito distante, como se tivesse em mente algo que precisava me contar. Eu tinha aquela sensação de mal-estar que nos acomete quando estamos à beira de uma crítica por negligência com relação ao dever. Porém, por não ser um de seus empregados, eu sabia que não tinha nada a temer e encerrei a intranqüilidade nos recessos da minha mente. Quando comecei a inquirir Acton, seu ar pensativo pareceu transformar-se em divertimento.

"Sim, eu despedi Don Regis", ele me contou. "Voei para Vancouver logo depois do nosso encontro e tive com ele uma conversa definitiva. Mas, na verdade, isso não representou uma grande surpresa para ele. Estávamos discutindo os problemas que surgiram entre nós há cerca de seis meses.

O QUARTO ENCONTRO

Eu tinha um novo plano de operação para aquela área, um plano muito estimulante e promissor, que, em suma, irá gerar muitas oportunidades de novos empregos. Don, porém, não era o homem que o executaria para mim, e ambos sabíamos disso. A despedida foi decisão minha, mas ela não se concretizaria sem a aprovação da diretoria. Quanto às acusações da imprensa, só tenho a dizer que se eu me tivesse vergado à opinião pública, não teria conseguido realizar nem três quartos do que fiz na vida."

Devo ter parecido perplexo, porque Acton prosseguiu para esclarecer esse ponto.

"Não há uma maneira de dizer isso sem parecer duro", ele disse. "Mas a verdade é que uma visão limitada dos interesses pessoais — como lutar contra a mídia, defender sua imagem perante o público, despender demasiado esforço no sentido de tornar harmoniosas nossas relações com terceiros, e — por que não? — até mesmo a piedade que sentimos por nós mesmos, pode ser uma coisa muito destrutiva."

"Em decisões importantes, nossos reflexos normais diante de problemas de terceiros — o que comumente é tido por compaixão — podem nos impedir de concentrar a atenção em questões essenciais, bem diante de nós, e, conseqüentemente, nos levam a fazer uma pausa longa o bastante para dar um passo em falso. É o que acontece com o mergulhador de profundidade que, no auge da competição, lembra-se

CONVITE AO SUCESSO

de ter esquecido as chaves no carro. Se ele, quando se equilibrar na borda do barco, pensar nisso, com toda a certeza falhará. Essa distração pode custar caro, como, por exemplo, perder a oportunidade que trabalhou durante anos para conquistar."

"Mas espere", eu disse. "No nosso último encontro, o senhor foi muito veemente com respeito à importância de se orientar as pessoas no local de trabalho, à importância de identificar e enfrentar as necessidades humanas."

"Sim", disse Acton. "Isso parece uma contradição, eu sei. Mas não é. O sucesso de uma pessoa nos negócios, bem como o sucesso de uma pessoa em assuntos militares, ou no esporte, ou na educação ou, virtualmente, em qualquer atividade que envolva pessoas, depende da nossa capacidade de reconhecer, em cada centímetro da jornada, que, freqüentemente, quando seres humanos estão envolvidos, suas decisões não podem basear-se na sua preocupação com um indivíduo. Você precisa sempre, e primeiramente, concentrar seus esforços mais criativos e confiar neles para que sejam o seu farol na escuridão. Você com muita freqüência precisa pôr de lado sua compaixão por aqueles que estão mais próximos de você. Nossa compaixão direta por uma única pessoa, ou por um grupo de pessoas, pode pôr em risco o bem-estar de centenas de pessoas. Você não pode deixar que sua mente seja governada pelos mesmos laços sentimentais que

O QUARTO ENCONTRO

o governariam na sua vida pessoal diária. Fazer isso é bloquear a criatividade, e isso o apartaria do que você tem de melhor dentro de si. Seu compromisso é com a criatividade e a inovação; e, ao aceitá-lo, você se transforma em um recurso público e precisa, por causa disso, e até certo ponto, sacrificar muitos privilégios com que outros contam."

Quando ele disse isso, eu me lembrei da história de como ele perdera sua família e que depois, por um longo tempo depois da tragédia, ele deixara seu negócio ruir, pondo o emprego de milhares de pessoas em risco. Quando finalmente retornou, declarou aos repórteres que voltava por compreender que ele podia dar trabalho a milhares de pessoas desempregadas. Eu estava pensando se teria a coragem de questioná-lo a respeito, e, no momento em que me decidi pelo contrário, ele, espontaneamente, adiantou o seguinte:

"Cedo na minha vida paguei um preço muito alto por essa lição", disse, com voz embargada pela emoção. "Esta não é uma lição que eu possa esquecer."

"Penso que isso tornaria as simples amizades muito difíceis, principalmente no mundo dos negócios", ponderei.

"Sim, é verdade. Acho que foi Platão quem disse que tornar-se uma pessoa pública significa sacrificar os simples prazeres da vida privada. Mas existem certas compensações. Sua vontade e sua criatividade descobrem um novo poder, novas profundezas. Você consegue maior liberdade para expressar sua vontade de forma nova, liberdade que, devo dizer, é tanto mais estimulante quanto mais cheia de risco. O caso Don Regis é um exemplo perfeito disso."

"O senhor parece estar dizendo que o sacrificou em benefício de um sonho que o senhor tem para expandir a operação em Vancouver."

"Com efeito, é verdade."

"O senhor não poderia encontrar um outro lugar para ele na organização?", perguntei.

"Ele é muito orgulhoso para aceitar esse tipo de compensação — e acredito que nem tem necessidade disso. Eu não o ofenderia dessa forma. Deixei à disposição dele uma sala e um escritório durante seis meses. O resto é com ele. Tenho certeza de que encontrará o caminho."

"Preciso dizer que isso parece bastante generoso, mas, ao mesmo tempo, um pouco cruel", eu disse.

"Talvez seja, mas preciso confiar em que ele pode tomar conta de si mesmo. Ele não pediria menos de mim, se os papéis se invertessem."

"Eu não acredito que o mesmo homem que, na semana anterior, me fez um sermão sobre a identificação das neces-

O QUARTO ENCONTRO

sidades humanas no local de trabalho esteja me dizendo tudo isso", retruquei.

Acton riu, depois argumentou da seguinte maneira: "Eu acredito na ética do egoísmo construtivo. Darei às pessoas tanto espaço quanto eu puder a fim de que elas exerçam sua própria vontade e criatividade, com o objetivo de transformarem em realidade o que têm de melhor. Mas, em primeiro lugar, e acima de tudo, preciso exigir esse direito para mim mesmo. Preciso desenvolver o hábito de reclamar espaço e aprovação para as coisas que eu crio. O mundo não dá exatamente, de braços abertos, boas-vindas à criatividade, você sabe — embora, ironicamente, quando uma pessoa faz isso, seu próprio poder de criar desperta, não havendo mais motivo de ciúme ou de inveja ou vontade de obstruir o exercício desse poder por outras pessoas."

"Mas o senhor está reivindicando muito...", parei, preocupado com a escolha das palavras. O que deveria dizer, *controle* ou *poder*? Acton esperou um pouco enquanto eu me debatia com essa dúvida. Por fim, eu disse *poder* — que Acton, na sua vida, estava reivindicando muito poder sobre outras pessoas.

"Sim", ele disse, "não posso negar isso. Mas se, por qualquer razão, eu não admitir e não usar o poder que tenho, uma companhia como a minha iria, sem dúvida, à falência. A gente nunca deve pedir desculpas por ter muito poder. Se a

87

CONVITE AO SUCESSO

pessoa tem a boa sorte de transformá-lo em realidade, por meio do hábito de inovação ou de outro meio qualquer, precisa aproveitar essa oportunidade, apossar-se dela. Possuí-la inteiramente. Deve, no entanto, saber como usar esse poder para um bem maior. Esse poder é uma responsabilidade, como também um dos maiores prazeres egoístas do mundo."

"Mas me parece que o senhor está se colocando como uma espécie de deus", argumentei. "Quem é o senhor para fazer o tipo de julgamento que afirma ter de fazer ou ter a obrigação de fazer? Quem é o senhor para decidir a quem sacrificar?"

"Quem é que pode fazer essa escolha? Os dias dos grandes líderes acabaram — ou talvez nunca tenham existido. No entanto, essas escolhas têm de ser feitas. Elas não são apenas direitos, mas obrigações. E obrigações eivadas de grandes contradições. Os grandes dramas da antiga Grécia nos ensinam que o poder é uma espada de dois gumes. Tendo adquirido poder, por cobiça ou à revelia, não temos outra escolha senão emitir o nosso julgamento, com base apenas naquilo que sabemos ou que podemos reunir a partir de várias fontes, num dado momento. Às vezes, isso não é suficiente. E então, precisamos sofrer as conseqüências — juntamente com todas as outras pessoas que nossa decisão afetou."

Esse comentário me deixou sem palavras. É claro que ele estava certo. Alguém tinha de fazer as escolhas difíceis —

por decisão deliberada ou por abster-se de tomar uma decisão, isto é, à revelia, confiando as conseqüências ao acaso.

E quem poderia argumentar que não existe uma pessoa que tenha credenciais irrepreensíveis para tomar tais decisões?

"Quando me sinto sobrecarregado por decisões difíceis, recorro às palavras de Robert Browning", disse Acton. " 'Se você decidir jogar, ganhando ou perdendo, dê o melhor de si!' E já que decidi jogar, tendo estado comprometido há tanto tempo com o jogo, fazer o melhor tornou-se um hábito. Dou o melhor de mim, com a maior boa vontade — até mesmo com certo exagero — e peço o mesmo dos outros."

"E há um hábito a desenvolver também nesse sentido?", perguntei, meio brincando, tenho de confessar.

Ele sorriu para mim, com seus brilhantes olhos cinzentos , quase refletindo a minha imagem. "Na verdade, há", ele disse. "A *regra é esta: Habitue-se a perceber as coisas que realmente o motivam na sua vida, os pensamentos e ações que agitam o seu ser mais profundo e confie neles para que sejam os seus guias*. Uma vez feito isso, não permita que empecilhos o impeçam de encontrar essa satisfação em tudo o que você faz. Com isso, você não está fazendo outra coisa senão pedindo espaço e aprovação para a força criativa."

CONVITE AO SUCESSO

Ponderei sobre isso durante alguns instantes e, depois, perguntei, "Mas como isso se relaciona com o seu uso do poder?"

"As condições com as quais estou plenamente envolvido, as que dão vida à minha vontade e à minha criatividade de uma forma mais firme e mais brilhante do que quaisquer outras, incluem criar novos produtos e fundar novas grandes empresas. Essas condições também incluem estar à testa de uma poderosa organização, e confrontar-me, diariamente, com decisões de grande risco, decisões potencialmente carregadas de grandes conseqüências, positivas ou negativas. Não é uma vida para qualquer um, mas acho que é a vida certa para mim." Acton parou abruptamente, pensou por alguns instantes e depois prosseguiu:

"O importante nisso tudo não é o poder sobre outras pessoas, mas o poder sobre si mesmo. Eu lhe digo, *livre-se de todos os estorvos que o impedem de fazer pleno uso do seu poder pessoal*, independentemente da sua vocação. Esse hábito é tão importante para o poeta que trabalha sozinho na água-furtada como para os maiores líderes da indústria, cujas decisões podem afetar o mundo inteiro. É por isso que me esforcei tanto na minha obra, para criar um ambiente de trabalho no qual as pessoas possam encontrar condições em que elas dêem o melhor de si e se desenvolvam. Só então a criatividade e a inovação tornam-se realmente possíveis."

O QUARTO ENCONTRO

Acton se levantou e dirigiu-se a passos largos para a janela. Enquanto ele olhava para fora, eu recordava as introvisões sobre o poder da vontade e da idéia que eu recebera, enquanto permanecia de pé, no exato lugar em que agora ele se encontrava.

"Sabe", disse Acton, "agora que estou no quarto final da minha vida, vejo que tenho poucos remorsos. Mas existe muito ainda que sonho construir e que não terei condições de realizar. Minha maior satisfação tem sido descobrir que existe vontade e que, aliando minhas idéias a ela, podemos, realmente, criar um mundo perfeito." Ele riu, um riso manso, embora ligeiramente irônico. "Ainda temos uma boa caminhada pela frente, mas acredito que estamos bem adiantados na jornada."

O tom de sua voz mostrou-se levemente melancólico e eu fiquei dividido entre querer pressioná-lo para que se explicasse melhor e sentir que eu deveria respeitar sua privacidade. Olhei para o meu relógio. O tempo que eu havia reservado para o nosso encontro daquele dia estava se escoando.

"Detesto ter de interromper tão bruscamente", disse, "mas preciso ir."

"Claro", ele disse. "Claro." Acton não deu mostras de se afastar da janela. Depois, com uma entonação estranha, falou. "Fico imaginando o que você teria criado lá fora. Fico pensando se suas criações seriam impérios de sabedoria, concretizados mais em pensamentos do que em coisas materiais. Francis Bacon chamou a sabedoria de nosso maior poder."

Ele permaneceu quieto, como que mergulhado em pensamentos, durante um longo tempo. Eu estava começando a me sentir pouco à vontade, e lembrei-me das sensações que tivera durante nosso primeiro encontro — no qual eu me sentira como um empregado que está prestes a levar um pito. Esperei, calado, dando-lhe tempo para dizer o que pensava. Por fim, ele se voltou e me encarou.

"Você não me contou que era escritor", ele disse. Havia uma inflexão de inquietude em sua voz, um tom que eu nunca ouvira antes. Ele estava, realmente, me acusando.

"O senhor não perguntou", respondi, arrependendo-me, imediatamente, de minha atitude defensiva e sabendo, no momento em que as palavras saíram da minha boca, que eu não estava sendo honesto com ele. Pensei por um instante, e então disse: "Eu conhecia seus sentimentos a respeito de escritores e de publicidade. Sabia que o senhor tinha a fama de proteger a sua vida privada. E depois, falando francamente, eu tinha medo de que, se lhe dissesse, o senhor me expulsaria."

O QUARTO ENCONTRO

"Bem, talvez você estivesse certo", ele disse. "Eu realmente não gosto da imprensa. Mas agora que está feito eu gostaria de saber o que você pretende fazer com o que apurou a meu respeito."

Pensei por um momento e depois respondi, com toda sinceridade, que não sabia, que não tinha me preocupado muito com a possibilidade de escrever algo sobre ele. Quando lhe disse isso, ele pareceu realmente aliviado.

"Então, seu objetivo não foi o de aproveitar esses encontros com..." Ele parou, escolheu cuidadosamente as palavras, depois completou: "... objetivos menos nobres."

"Se com isso o senhor quer dizer que está com medo que eu possa escrever um artigo para os amantes de fofoca, a resposta é não", respondi. "Se o senhor alguma vez ler um trabalho meu, verá que não sou esse tipo de escritor."

"Li somente um de seus livros", disse Acton, citando o título de um livro que eu publicara muitos anos antes. "E devo dizer que era excelente. Você é um ótimo escritor."

"Obrigado", eu disse, embaraçado com o elogio.

"Você também é muito modesto", ele acrescentou, sorrindo. "Minha secretária particular, na semana passada, encontrou por acaso o seu livro lá em casa, na minha bibliote-

CONVITE AO SUCESSO

ca", ele disse. "É preciso confessar que essa descoberta me chocou."

"Peço desculpas. Mas, certamente, não tive a intenção de enganá-lo."

Acton ignorou esse comentário. "Tenho uma proposta para lhe fazer. Se você é o homem honrado que acredito que seja, talvez possa me ajudar a terminar minha missão."

"Como eu poderia fazer isso?"

"Eu gostaria que você escrevesse um pequeno livro sobre o que ficou sabendo aqui. Porém, precisa prometer que respeitará totalmente a minha privacidade. Precisa prometer que não revelará a minha identidade. Eu não quero notoriedade, e é claro que não preciso do dinheiro que esse livro possa render, mas ele me permitirá transmitir a outras pessoas os *Hábitos de Criatividade e Inovação* que meu guia me ensinou. Se isso for possível, sentirei que uma grande dívida foi totalmente paga e que a minha própria experiência com esses hábitos valiosos poderá ser transmitida a outras pessoas que colherão os mesmos benefícios que colhi. Essa, como outras grandes idéias, tem vida própria e deve ser posta num contexto em que qualquer pessoa com coragem de tentar possa partilhar dela."

"Isso me pegou desprevenido", eu disse. " Não sei como lhe responder."

O QUARTO ENCONTRO

"Então não responda imediatamente. Pense no caso e me dê uma resposta nos próximos dois dias. Você faria isso?"

Eu disse que sim. Mas lembrei-o de que tinha um compromisso importante e de que eu realmente precisava sair.

Ele conduziu-me até a porta. Antes de abri-la, fez algo que achei surpreendente. Em vez de simplesmente apertar a minha mão, como havíamos feito até então, ele rapidamente me abraçou e, afastando-se depressa, disse: "Ninguém antes de você captou tanto da mensagem que lhe transmiti. Sou muito grato pela sua atenção."

Fiquei comovido com essa opinião, embora me sentisse incapaz de encontrar uma resposta adequada. Olhei mais uma vez para o relógio e vendo que eu já estava atrasado para o meu próximo encontro, agradeci e saí correndo.

No elevador, a caminho da garagem, refleti a respeito de nossa discussão sobre a demissão de Don Regis. A lição, então, havia sido clara, mas só porque Acton afirmara para mim: "*Habitue-se a perceber as coisas que realmente o motivam na sua vida, os pensamentos e ações que agitam o seu ser mais profundo e confie neles para que sejam seu guia. Uma vez feito isso, não permita que empecilhos o impeçam de encontrar essa satisfação em tudo o que você faz.*"

Eu quase podia ouvir a voz dele pronunciando essas palavras. Mas até esse momento eu não havia entendido o ple-

CONVITE AO SUCESSO

no significado do que ele dissera. O tema de nossa conversa fora a demissão de Don Regis, que Acton considerara dolorosa mas necessária. Ele parecia estar me dizendo que nunca devemos subestimar a importância do nosso poder pessoal, nem mesmo com o risco de perder amigos importantes. Se esse for o caso, ele deve ter, na verdade, em muito alta consideração a criatividade e a transformação de uma pessoa.

O elevador parou. A porta se abriu. Vi uma multidão diante de mim. Eu estivera sonhando de olhos abertos, pensando em minha conversa com Acton, e nem tinha notado que parara no saguão principal do edifício em vez de parar na garagem, como eu pensava. Quando meus olhos correram por aquela cena inesperada, tentando recuperar meu rumo nesse instante de confusão, notei a pintura que estava pendurada no saguão, bem acima da cabeça das pessoas. E meus olhos se fixaram na placa que havia sob ela, na qual se lia:

> *"A dívida que temos para com o papel exercido pela imaginação é incalculável."*

Isso mais uma vez orientou-me e fiquei no fundo do elevador para deixar que outras pessoas entrassem. Somente um homem entrou. No subsolo, as portas se abriram e rumamos apressados para nossos carros, sem nem mesmo um aceno de despedida.

O Quinto Encontro

Na noite depois do meu último encontro com Acton, dormi mal. O pedido dele para que eu pensasse em escrever um livro sobre suas idéias me desafiava como nenhum projeto literário a mim proposto o havia feito. Mas, por quê? Eu escrevera e publicara mais de uma dúzia de livros, alguns deles trabalhos longos, ambiciosos, que exigiram meses de pesquisa. Sob muitos aspectos, o livro de Acton parecia um projeto muito menos pretensioso do que muitos que eu havia escrito. Os diálogos que eu mantivera com ele permaneceriam tal qual. Não precisavam de enfeites. O que, então, estava me preocupando? Por acaso eu me sentia intimidado devido ao nome e à reputação de Acton? É claro que, no passado, eu já trabalhara com os maiores especialistas em suas áreas, e isso nunca havia me incomodado. Por que isso me afligia agora? Isso não fazia sentido.

CONVITE AO SUCESSO

Pelas três horas da madrugada, caí num sono profundo. Cinco horas depois acordei assustado com o barulho do telefone. Estendi a mão por cima do criado-mudo e agarrei o telefone antes que tocasse novamente.

"Você pensou na minha proposta?"

Era Acton. "Sim, dormi pensando nela", eu disse, de modo deliberadamente vago e enigmático.

"Então, qual a sua resposta?"

"É sim", eu disse. "É sim, sem a menor sombra de dúvida!"

Eu estava ciente de como eu me sentia confiante e de quanto pareci esperançoso quando lhe dei minha resposta, e essa confiança me surpreendeu. De certa forma, durante o sono o livro adquiriu um novo significado para mim. Ele se tornara, a meu ver, muito importante, não um simples trabalho, mas algo no nível de uma missão obrigatória. O desafio que ela representava ainda me preocupava. Mas eu tinha certeza de que estava fazendo a coisa certa — a única coisa que eu podia fazer — concordando em aceitá-lo.

"Maravilha!", disse Acton, e seu entusiasmo coadunava perfeitamente com o que eu sentia. Depois acrescentou, "Você pode me encontrar no aeroporto dentro de uma hora?"

"Claro", eu disse. "O que está acontecendo?"

O QUINTO ENCONTRO

"Estou a caminho do Japão", ele disse. "Estarei fora por um mês. Eu quero que você disponha de tudo o que precisar, caso se sinta inspirado durante a minha ausência."

Deu-me instruções para que o encontrasse na Sala Executiva da linha aérea, setor reservado para os clientes habituais, onde ele deu um jeito de conseguir um lugar para trabalharmos. Tomei uma ducha e me vesti rapidamente. Depois, chamei um táxi. Em uma hora eu estava sentado numa sala do aeroporto, numa mesa tranqüila, diante de Acton.

"Eu trouxe uma série de entrevistas e de artigos que escrevi durante anos", ele disse, entregando-me, por sobre a mesa, um grosso envelope de papel manilha. "Analisei e sublinhei tudo que achei relevante e verdadeiro a meu respeito. Você encontrará, também, uma lista dos livros que me inspiraram ao longo dos anos."

"Então só preciso agora de um local tranqüilo e de um sopro de inspiração", brinquei, pegando o envelope.

"Qual seria o lugar ideal para você escrever?", Acton perguntou. "Se você pudesse ter o que quisesse, qual seria?"

"Nos meus mais ardentes sonhos?", permiti a mim mesmo o luxo das minhas mais extravagantes fantasias. "Uma cabana nas montanhas do Parque Waterton, no lado canadense do Glacier National Park", disse. Eu estivera ali duas vezes de férias, a primeira, quando criança, a segunda, há mais de dez anos, depois de adulto. "Eu gostaria de me sentar bem perto daquele céu, que é o mais claro e o mais azul do mundo... na paz e na quietude, onde as montanhas tocam as estrelas."

Acton riu, divertindo-se obviamente com o meu bom humor. "Vamos esforçar-nos para proporcionar algumas dessas sensações a você", ele disse. Seus olhos brilhavam enquanto ele falava, e, por instantes, tive uma onda de emoção ao perceber que minhas mais caras fantasias poderiam realmente tornar-se realidade.

"Eu lhe trouxe uma fita cassete que gravei sobre os *Hábitos de Criatividade e Inovação*", ele disse, entregando-me uma caixa de plástico sem identificação, que continha o seu trabalho. "Creio que você saberá o que fazer com ela."

"O senhor tem certeza que não irá mudar de idéia com relação a me deixar pôr o seu nome no livro?", perguntei. "Tenho certeza de que, se o senhor permitisse, teríamos condições de vender imediatamente a idéia a um editor."

"É exatamente por isso que eu não permito", disse Acton. "Quero que as minhas idéias e não o meu nome venda. Vi muitíssimos livros, destituídos de conteúdo, serem vendidos com base nos méritos de um nome famoso. Se esse livro tem de ter vida, precisa ter vida própria. Se isso pa-

O QUINTO ENCONTRO

recer excêntrico, lamento, mas é a única maneira de eu concordar."

"Com seu nome nele, poderíamos atingir milhares de pessoas, centenas de milhares, talvez", argumentei. "Sem o seu nome nele, teremos sorte se atingirmos algumas centenas."

"Não concordo", ele disse. "Tenho certeza de que as idéias vender-se-ão por si. Não subestime a inteligência de nossos leitores. Com o meu nome no livro, abrangeríamos centenas de milhares de curiosos, nenhum dos quais captaria as lições nem estaria interessado nelas. Sem o meu nome, os *Hábitos de Criatividade e Inovação* devem valer por si só — e valerão. Prefiro atingir um punhado de gente que se beneficie com essas lições do que um milhão de curiosos, cegos para o que ofereço."

"Mas o que eu ganho se o livro não vender?", eu disse, zelando pelos meus interesses profissionais.

"Confie na sua decisão. O livro vai vender. E, por enquanto, isso servirá de adiantamento", ele disse, dando-me um cheque de $25.000.

"E se eu não escrever um livro que o agrade?"

"Não tenho nem mesmo o mais remoto receio de que isso aconteça", ele disse. "Na verdade, você já começou a escrevê-lo."

CONVITE AO SUCESSO

"O que o senhor quer dizer?", perguntei. "Ainda não pus nenhuma palavra no papel."

"Você já se esqueceu do primeiro hábito? *Habitue-se a ver o milagre da vontade em cada ação humana*. No que diz respeito a esse livro, eu já vejo isso em você. Mas você ainda não desenvolveu esse hábito, ou não questionaria o que está prestes a fazer."

"É que me parece uma encomenda absurda, eu disse. Envolve muitas idéias que ainda me são estranhas. Nem sequer tenho certeza do formato que eu escolheria para escrever o livro."

"Repito: é grande a força da sua vontade. Não tenho dúvida de que você encontrará a forma exata de fazê-lo. Porém, você precisa considerar o décimo hábito, a fim de manter seu objetivo vivo na sua mente e planejar cada passo ao longo da jornada, para que ele seja *exeqüível*. Muitas das grandes idéias não chegam a se realizar porque a pessoa que as tem não consegue atinar com o primeiro passo a dar, nem, talvez, com o centésimo. Há milhares de anos, Lao-tzu disse, '*Uma viagem de milhares de milhas precisa começar com um primeiro passo*'. Todos ouviram essas palavras, mas quantos guardaram essa verdade no coração, ou estão aptos a traduzi-la em ações efetivas na vida diária?

O QUINTO ENCONTRO

"Mantenha o grande quadro do seu objetivo bem vivo na sua mente, pensando nele toda manhã ao despertar. Mas tenha cuidado ao planejar os passos que você precisa dar para transformar esse grande quadro em realidade. Cada avanço na jornada, cada passo, precisa proporcionar a você o prazer e a satisfação da realização. Cada passo precisa ser exeqüível. Se você não puder sentir o prazer do sucesso nos pequenos passos ao longo do caminho, a jornada rumo ao seu objetivo máximo tornar-se-á insuportável. Cada passo deve ser dado como se você não fosse nunca atingir o seu objetivo e, no entanto, com plena confiança de que o atingirá. Isso soa como uma grande contradição, mas conviva com essa verdade durante cinco dias e ficará claro porque isso é, ao mesmo tempo, verdadeiro e importante. Ninguém que não tenha planejado seu itinerário, com cuidado e carinho pelas suas necessidades ao longo do caminho, obteve sucesso. Mas existem milhões que venceram por terem prestado atenção a essas simples diretrizes."

Acton olhou para o relógio. "Está na hora", ele disse. "Preciso ir."

Levantou-se da mesa de um salto, apertou minha mão, pegou sua valise e saiu correndo, deixando-me só na mesa, manuseando o envelope de papel manilha, que continha o material que ele me havia dado.

CONVITE AO SUCESSO

Fui para casa e passei o dia vasculhando os artigos que Acton me entregara e ouvindo a fita que ele gravara. Aqui e ali eu encontrava uma frase ou um parágrafo que me lembravam uma das conversas que tivéramos durante o transcurso do mês anterior. O encontro em que essa idéia foi discutida transformar-se-ia numa lembrança revigorante. Eu podia me lembrar das imagens e dos sons, mesmo dos pensamentos e dos sentimentos que eu tivera, com uma intensidade que eu nem sonhara fosse possível.

Sentei-me à minha mesa, andei pela sala a passos largos, e rabisquei, para mim mesmo, intermináveis anotações. Mergulhei totalmente naquele material. Às três da madrugada, o telefone tocou e dei um pulo como se um revólver tivesse sido disparado no quarto.

Pondo o aparelho ao ouvido, atendi resmungando, aborrecido por ser incomodado àquela hora.

"Tenho grandes novidades para você." A voz soava como a de um espírito vindo de outras dimensões. Era Acton, falando comigo do outro lado do mundo.

"Ao chegar aqui, encontrei um velho amigo", disse Acton. "Contei-lhe que você estava trabalhando no livro e mencionei, por acaso, o que você me dissera sobre querer uma cabana nas montanhas. Acontece que ele tem uma em

O QUINTO ENCONTRO

Waterton Park, que estará vazia nas próximas seis semanas. Está interessado?"

"O senhor está brincando?"

"Absolutamente. Você vê o que pode fazer com sua vontade?"

"Também ajuda ter um amigo na sua posição", eu disse.

"Cuidado", preveniu Acton. "Não mine o seu próprio poder. Nada teria acontecido se você não tivesse deixado o mundo tomar conhecimento do seu sonho. Nisso consiste a sua vontade. Lembre-se da primeira regra: habituar-se a ver o milagre da vontade em toda ação humana, seja ela uma simples saudação matinal ou a construção de um arranha-céu. E isso significa, também, admitir a sua própria vontade."

Fiquei calado, com o coração batendo forte, enquanto antecipava o desabrochar desse sonho. O que ele disse era verdade, que tudo realmente acontecera devido à minha própria vontade. Embora possam existir explicações mais práticas, mais terrenas, para essa constatação, o fato é que, sem o exercício da minha vontade, essa oportunidade especial nunca teria surgido. Como Acton afirmou para mim muitas vezes, a vontade quase sempre se manifesta no mundo real de uma forma que se afigura lógica, casual e natural. Poucas vezes parece existir alguma coisa minimamente misteriosa a respeito.

105

"Alô, você está aí?"

"Estou", eu disse.

"O lugar em Waterton... você quer?"

"Claro que quero!", eu disse. "Tudo parece fantástico demais para ser verdade."

"Telefone para a minha secretária esta tarde", disse Acton. "Ela vai estar com tudo pronto para você."

Ouvi vozes ao fundo, como se muitas pessoas tivessem acabado de entrar na sala de onde Acton estava telefonando para mim. Ele disse que tinha de desligar. Antes de eu poder me despedir, a ligação foi interrompida e ouvi somente o ruído da linha desocupada.

À tarde, liguei para a secretária de Acton e soube que havia uma reserva para eu voar a Seattle no dia seguinte e depois seguir em avião fretado para o aeroporto de Waterton Park. Informou-me, também, que o proprietário da cabana tinha um jipe que guardava no aeroporto para seu uso particular e que eu podia pegar as chaves na companhia aérea que me levaria.

Arrumei minhas coisas e parti na manhã seguinte. O vôo até Seattle transcorreu sem novidades, com exceção de que aterrissamos sob forte aguaceiro. O vôo fretado foi feito num pequeno avião de cinco passageiros, movido a héli-

O QUINTO ENCONTRO

ce, dotado de flutuadores para pouso aquático, um avião que sacudia para todos os lados, como uma folha ao vento, quando passávamos através das nuvens carregadas de chuva. Pareceu-me que estávamos fazendo um vôo às cegas, quando sobrevoamos as Cascades, porém meus dois companheiros de viagem, aparentemente veteranos nessa rota, pareciam levar tudo numa boa. Meu companheiro de banco era um guia de pesca, por volta dos seus 35 anos, que insistia em me contar a respeito de uma operação de resgate da qual participara no último verão. O piloto do avião tinha quebrado os dois braços e meu amigo loroteiro o havia colocado num abrigo na fuselagem amassada e andara 200 milhas através da tundra, em busca de ajuda. Contou que aviões de pequeno porte estavam sempre caindo nas regiões desoladas do Yukon, não sendo nunca encontrados. Eu lhe disse que preferia não ouvir mais nada até que estivéssemos de novo em terra firme.

Rumando para o leste, o céu clareou quando entramos na faixa meridional das montanhas de Selkirk, de picos nevados. Ao romper as nuvens, as brancas geleiras cristalinas surgiram magicamente a nossos pés, erguendo-se, magníficas, na direção de um firmamento de azul intenso.

O pequeno avião sobrevoou as geleiras, rumo ao profundo e estreito lago Swiftcurrent, que se estendia ao longo do Waterton Park. Quando os flutuadores tocaram a superfície

CONVITE AO SUCESSO

do lago, ondas de água envolveram o avião. Achando que o piloto errara o cálculo, deixei escapar um leve sinal de susto, mas os outros passageiros riram, explicando que aquilo era perfeitamente normal.

Não levou muito tempo para que, seguindo de hidroplano lago acima, chegássemos à pequena vila de Waterton. Aí desembarcamos e o piloto me conduziu ao único escritório, que tinha uma única sala, da companhia, onde mostrei minha carteira de identidade e recebi as chaves da casa e do jipe do meu anfitrião anônimo.

Usando um mapa que a companhia me forneceu, não tive dificuldades para encontrar a casa na qual eu escreveria o livro. Mas, em vez da modesta cabana que eu esperava, dei com uma casa moderna, de cinco quartos, totalmente mobiliada, e com uma vista espetacular para o lago.

Levei dois dias para me instalar e acreditar que tudo aquilo estava acontecendo comigo, que aquele lugar maravilhoso, rodeado de geleiras que se erguiam até o céu, seria meu por mais de um mês.

Foi apenas no terceiro dia que comecei, de fato, a trabalhar. Nesse dia, acordei junto com o nascer do sol, com milhares de idéias para o livro. O plano para o livro estava claro e definido na minha mente. Quando percebi que ele realmente tinha uma espécie de vida própria, isso me pareceu a coisa mais natural do mundo. Eu simplesmente contaria a história de meus encontros com Acton, exatamente como haviam acontecido. O fato de eles terem me afetado tão profundamente, era o único estímulo de que eu precisava para fazer com que o leitor participasse desses encontros, quase como haviam ocorrido.

Escrevi todo o primeiro rascunho em nove dias. Depois, durante dois meses, eu o revisei e reescrevi, resumindo e aprimorando, até que o original traduzisse exatamente o que eu queria dizer. Isso feito, fui à cidade e enviei o texto via aérea à secretária de Acton, que o remeteria ao seu patrão.

Passei o restante do tempo contemplando as montanhas. Depois, tomei o avião de volta para casa, repousado, renovado, sentindo que havia suplantado um importante desafio em minha vida.

Quando cheguei ao meu apartamento, acionei minha secretária eletrônica. Entre dezenas ou mais de recados, havia um de Acton: "É um livro esplêndido. Exatamente como achei que seria. Ligue para mim quando voltar."

A revisão final de Acton se estendeu por mais de três meses, entremeados de encontros regulares, durante os quais ele, constantemente, salientou o fato de que jamais permitiria que seu nome aparecesse no livro. O nome Noble Ac-

CONVITE AO SUCESSO ——————————————————

ton, como o leitor, a essa altura, já deve ter percebido, é um pseudônimo que escolhemos juntos.

Para minha grande tristeza, Acton cortou muitos comentários e descrições que, se deixados no texto, poderiam dar aos leitores uma sólida pista concreta de sua identidade. O único acréscimo foram os *Hábitos de Criatividade e Inovação*, que Acton ditou para mim.

Termino agora o livro com a seguinte passagem, extraída de uma entrevista com Acton, publicada há algum tempo por um jornal de negócios de prestígio. Acton, surpreendentemente, deixou que eu a incluísse no manuscrito final, mesmo sabendo que ela poderia fornecer uma pista reveladora de sua verdadeira identidade:

"As pessoas excepcionalmente bem-sucedidas no mundo dos negócios não são as que deixam que sua vida se enquadre em moldes padronizados. Pelo contrário, cada uma delas é única, dotada de um sentimento definido delas próprias. As vestes da conformidade não podem, jamais, ser talhadas para adequar-se a esses homens e mulheres ou às suas filosofias, pouco importando o quanto seus detratores possam tentar difamá-los. Eu antevejo que, no próximo milênio, depararemos, em todo mundo, com uma nova classe de milionários, de pessoas que conhecerão e respeitarão seu grande poder de criatividade e inovação. Essa será a chave do futuro crescimento, de uma nova economia.

O QUINTO ENCONTRO

"A saúde econômica da nossa sociedade baseia-se na expansão, mas não pode existir uma expansão realmente saudável, sem essa força individualizada que chamamos de espírito criativo. Será a partir deste — o maior de todos os recursos naturais — que um futuro próximo surgirá, bem mais belo do que qualquer um de nós até hoje pôde imaginar.

"Talvez a maior conquista a que assistiremos neste milênio seja a constatação de que o crescimento de uma economia saudável só ocorrerá quando aprendermos a *servir*, quando chegarmos a compreender que, sem isso, não poderemos sobreviver. Existe um princípio básico que desde já estamos descobrindo devagar: que uma economia saudável e um mundo melhor só podem tornar-se realidade por meio de nossa colaboração, e não da visão míope dos que só são motivados pela cobiça e pelo lucro pessoal. Há um mundo muito melhor nos aguardando no futuro, e estamos, desde já, aprendendo a viver nele!

"A indústria pretende servir à humanidade, não ser a sua ruína. Essa verdade simples trará lucros maiores do que os que pudemos um dia imaginar — isso se tivermos a coragem de nos guiar por ela."

Os Onze Hábitos de Criatividade e Inovação Propostos por Noble Acton

1. **Habitue-se a ver tudo o que foi criado pelo homem não meramente como o resultado final da fusão de materiais e trabalho, mas, sobretudo, como produto da vontade ou volição.** Esse hábito não só despertará a sua percepção para o grande poder de autodeterminação de outras pessoas, como abrirá sua mente e seu coração para esses mesmos poderes extraordinários, que existem em você.

2. **Habitue-se a ver todas as idéias como padrões potenciais da vontade.** Aprenda a ver as idéias como instruções para orientar o poder da vontade a rumos específicos de ação. Vontade desprovida de idéia é como um navio em alto-mar, sem navegador, sem piloto e sem tripulação para fazer a manutenção dos motores. Da mesma maneira, idéias desprovidas de vontade ou volição são simplesmente fumaça, e nada mais.

3. **Habitue-se a ver que todas as idéias têm vida própria.** Elas só poderão servi-lo, com a condição de você se comprometer com elas — o que você faz, utilizando-as como padrões da sua vontade.

4. **Habitue-se a considerar todos os problemas como oportunidades.** Você consegue isso não dando murro em pon-

CONVITE AO SUCESSO

ta de faca para encontrar as soluções, mas definindo bem o problema e depois relaxando. Uma clara definição, seguida de relaxamento, transformará realmente os problemas em oportunidades: essa definição clara e nítida agirá como um ímã, atraindo milhares de idéias.

5. **Habitue-se a criar alternativas recombinatórias — explorando temas alheios à sua especialidade, consultando áreas de conhecimento que possam, a um primeiro olhar, parecer não ter relação com o que você está fazendo.** Os centros criativos de seu cérebro se aprazem nesses desafios e, na busca de semelhanças entre áreas aparentemente não-relacionadas, criam soluções que são tão adequadas quanto inesperadas e estimulantes.

6. **Habitue-se a compreender em que condições você se torna mais criativo e produtivo.** Para isso, atente para o seu passado de realizações criativas e, depois, respeite a sua forma de trabalhar, como os grandes atletas respeitam suas necessidades pessoais nas horas, ou mesmo nos dias, que antecedem importantes competições, por mais excêntricas que possam parecer. A criatividade de cada pessoa demanda um modelo altamente individualizado de atenção e de cuidado, que deve ser respeitado se ela tem que criar e produzir.

7. **Habitue-se a perceber as coisas que realmente o motivam na vida.** Deixe que essas coisas o guiem. Que sejam

OS ONZE HÁBITOS

o alicerce da sua vida criativa. Embora possa, a princípio, parecer fútil, é a partir desse hábito que nascem as qualidades essenciais de alegria, motivação e concentração, forças motrizes da criatividade.

8. **Habitue-se a colocar seus atos criativos em primeiro lugar e a não deixar que nenhum obstáculo — nem mesmo sua autopiedade, seus medos ou sua arrogância — os subverta.** Criatividade, engenho e arte são coisas sagradas. Nunca diminua a importância que eles requerem da sua vida, pois, se você deixar de lhes dar esse espaço, o mundo jamais tomará conhecimento nem usufruirá os benefícios de sua valiosa contribuição.

9. **Habitue-se a sonhar de olhos abertos, a se imaginar deleitando-se com todos os seus sonhos mais queridos em sua forma final, isto é, como realidades físicas, no mundo real.** Os sonhos, como as idéias, mobilizam o poder da vontade e da volição humana.

10. **Habitue-se a manter o grande quadro de seu objetivo vivo na sua mente, pensando nele toda manhã ao despertar.** Porém, cuidado para planejar cada passo da jornada que você encetará para realizar esse sonho, a fim de que cada passo seja exeqüível, satisfatório por si mesmo e propositado.

CONVITE AO SUCESSO

11. **Finalmente, explore a visão futura, na direção da qual estamos aprendendo a nos encaminhar.** Essa é a visão de serviços rumo a objetivos que transcendem o ganho egoísta, e por meio dos quais, um dia, atingiremos lucros que superarão em muito nosso atual entendimento.

ZEN NO TRABALHO

LES KAYE

Um mestre zen que soube conciliar sua dedicação ao zen com a carreira de sucesso numa grande empresa americana divide com o leitor a sabedoria e a experiência que ele adquiriu ao integrar a prática espiritual ao trabalho.

Les Kaye é abade do Kannon Do, centro de meditação zen em Mountain View, Califórnia. Durante mais de trinta anos ele combinou a carreira na IBM, ocupando vários cargos técnicos e administrativos, com uma prática ativa e cada vez mais aprofundada do zen. De fato, enquanto estava na IBM, evoluiu de noviço a mestre zen.

Esses mundos aparentemente díspares podem se combinar, e a meta deste livro é justamente explicar como isso pode acontecer. Com a clareza e a ternura de um mestre talentoso, Kaye entremeia a exposição dos conceitos zen de impermanência, unidade, atenção e iluminação, entre outras idéias básicas do zen, com relatos que explicam como ele aplicou esses ensinamentos no seu emprego convencional na IBM, e como encontrou nas atividades profissionais, da mais gratificante à mais profana, um caminho para uma maior compreensão espiritual.

EDITORA CULTRIX

A CONQUISTA DA VERDADEIRA PROSPERIDADE

Shakti Gawain

"Prosperidade é a experiência de ter em abundância o que realmente necessitamos e queremos na vida, seja algo material ou não-material."

As pessoas em geral equiparam prosperidade com dinheiro. Na opinião delas, bastaria que tivessem mais dinheiro para serem prósperas. Nesta nova e inovadora visão da auto-realização, a pioneira em desenvolvimento pessoal, Shakti Gawain, põe a descoberto as armadilhas desse modo de pensar e mostra como as pessoas, apesar de sua riqueza, acabam descobrindo que o dinheiro não lhes oferece uma satisfação verdadeira.

Gawain apresenta uma nova definição de prosperidade, uma definição que põe toda a ênfase na realização do coração e da alma, e não na obtenção do dinheiro. Ela desfaz a relação de causa e efeito que a maioria das pessoas constrói em torno do dinheiro e da felicidade, sem ignorar o papel importante que o dinheiro desempenha em nossa vida. Ela nos desafia a prestar atenção às nossas aspirações mais profundas e a livrar-nos dos falsos desejos, que não servem ao coração nem à alma.

* * *

De Shakti Gawain a Editora Pensamento já publicou *Meditações*, *Visualização Criativa* e *Vivendo na Luz*.

EDITORA PENSAMENTO

A ARTE JAPONESA DE CRIAR ESTRATÉGIAS

Thomas Cleary

O estilo de vida e a tradição das artes marciais dos samurais dominaram a cultura japonesa durante séculos, praticamente até os dias de hoje. De acordo com Thomas Cleary — tradutor de mais de vinte obras clássicas da filosofia asiática —, a civilização japonesa está de tal modo marcada pelas artes marciais que algumas das características do seu modo de ser continuam a integrar ainda hoje a consciência individual e coletiva desse povo.

Cleary mostra de que maneira as tão conhecidas qualidades, como a reserva e o mistério do comportamento formal japonês, têm raízes profundas nas estratégias milenares da arte da guerra.

Citando as obras de quatro autores ilustres — dois mestres zen, Takuan e Suzuki Shosan, e dois mestres nas artes marciais, Yagyu Munemori e Miyamoto Musashi — , o autor apresenta a ciência da estratégia japonesa, de um modo geral, como um estilo positivo de vida, como a arte de reagir de acordo com as circunstâncias para se poder sobreviver ao caos e viver sempre bem, mesmo que sob coação.

* * *

Thomas Cleary, que viveu no Japão durante seis anos, é um conhecido estudioso do Budismo. Ph. D. em Línguas e Civilizações do Este Asiático pela Universidade de Harvard, conta, entre suas muitas traduções, a do clássico *A Arte da Guerra*, de Sun Tzu, obra publicada pela Editora Pensamento.

EDITORA CULTRIX

O VERDADEIRO SUCESSO
Uma Nova Compreensão de Excelência e Eficácia

Tom Morris, Ph.D.

Segundo Tom Morris, muitos de nós encaram a vida de uma maneira errada, dando a maior atenção às coisas menos importantes e deixando de nos preocupar com as mais importantes. O *Verdadeiro Sucesso*, um livro inteligente e bem-humorado, nos ajuda a colocar o pensamento no seu devido lugar. Ele nos leva a compreender que precisamos dar atenção, primeiro, à nossa vida interior, e que a excelência é a causa e não o produto do sucesso.

Tom Morris, professor de filosofia na Universidade de Notre Dame, agraciado com inúmeros prêmios, convidado para fazer palestras no país inteiro, acredita que, se conseguirmos compreender e interiorizar o que ele propõe neste livro, nossa vida poderá assumir o significado que tanto desejamos.

Lendo-o e compreendendo seus princípios, podemos criar novos conceitos acerca do significado da vida. Podemos começar a compreender que o sucesso está ao alcance de todos, ricos e pobres, famosos e obscuros. Podemos começar a compreender como a nossa excelência pessoal pode começar a gerar um nível de felicidade e de sucesso com o qual, até agora, mal conseguíamos sonhar.

O livro de Tom Morris está repleto de revelações, de constatações, de humor, de parábolas e de histórias que nos desafiam, nos motivam e nos inspiram. Tom Morris nos oferece em troca o renascimento da excelência, dos valores, e a possibilidade de alcançar a felicidade nos tempos atuais.

*   *   *

O autor é professor de filosofia na Universidade de Notre Dame. Formado pela Universidade da Carolina do Norte, em Chapel Hill, tem dois mestrados e um Ph.D. conjunto em filosofia e estudos religiosos da Universidade Yale. Recebeu várias bolsas de estudo para financiamento dos seus trabalhos e foi nomeado Professor do Ano em 1990, no Estado de Indiana.

EDITORA CULTRIX